Fälle

Strafrecht BT

Vermögensdelikte

2020

PD Dr. Joachim Kretschmer

Dr. Manuel Ladiges, LL.M.
(Edinburgh)

ALPMANN UND SCHMIDT Juristische Lehrgänge Verlagsges. mbH & Co. KG
48143 Münster, Alter Fischmarkt 8, 48001 Postfach 1169, Telefon (0251) 98109-0
AS-Online: www.alpmann-schmidt.de

PD Dr. Kretschmer, Joachim
Dr. Ladiges (LL.M.), Manuel

Fälle
Strafrecht BT
Vermögensdelikte

6. Auflage 2020
ISBN: 978-3-86752-693-7

Verlag Alpmann und Schmidt Juristische Lehrgänge
Verlagsgesellschaft mbH & Co. KG, Münster

Unterstützen Sie uns bei der Weiterentwicklung unserer Produkte.
Wir freuen uns über Anregungen, Wünsche, Lob oder Kritik an:
feedback@alpmann-schmidt.de

INHALTSVERZEICHNIS

1. Teil: Diebstahl

Fall 1: Herrenlosigkeit der Sache
(AG Köln, Urt. v. 10.08.2012 – 526 Ds 395/12, BeckRS 2012, 20013)

D begab sich auf die Hohenzollernbrücke in Köln. Dort schnitt er mit einem Bolzenschneider mehrere Streben des Brückengeländers durch, um auf diese Art an dort befestigte „Liebesschlösser" zu gelangen. Dabei handelt es sich um normale Sicherheitsschlösser. Diese werden von Verliebten als Symbol ewiger Liebe an Brücken befestigt, mit ihren Namen oder sonstigen Symbolen versehen und der Schlüssel wird dann in den Rhein geworfen. Die Eigentümerin der Brücke duldete das Anbringen der Schlösser seit vielen Jahren. Obwohl D wusste, dass viele Liebespaare „ihr" Schloss zumindest in unregelmäßigen Abständen „besuchten", entfernte er eine Vielzahl von Schlössern (Schrottwert 80 €), um diese bei einem Altmetallhändler zu verkaufen.

Hat sich D strafbar gemacht? § 244 ist nicht zu prüfen, etwaige Strafanträge sind gestellt.

I. D könnte einen **Diebstahl** nach **§ 242 Abs. 1 StGB**[1] begangen haben, indem er die „Liebesschlösser" von der Hohenzollernbrücke abmontierte, um diese zu verkaufen.

Obwohl D eine Vielzahl von Schlössern abmontierte, die möglicherweise mehreren Eigentümern gehörten, liegt nur ein Diebstahl vor, da die einzelnen Handlungen im Rahmen einer rechtlichen Bewertungseinheit geschahen, vgl. BGH RÜ 2019, 301, 302.

1. Die Schlösser waren als **körperliche Gegenstände bewegliche Sachen**.

2. Fraglich ist, ob die Schlösser zum Zeitpunkt der Tat **fremd** waren.

a) Fremd ist eine Sache, wenn sie zumindest im Miteigentum eines anderen steht.[2] Die Eigentumslage bestimmt sich akzessorisch nach dem BGB. Herrenlose Sachen sind nicht fremd. Ursprünglich standen die Schlösser im Eigentum derjenigen, die diese Schlösser gekauft und als Symbol ihrer Liebe an der Brücke befestigt haben.

b) Möglicherweise haben die Liebespaare ihr Eigentum aufgegeben. **Herrenlos** wird eine Sache, wenn der Eigentümer in der Absicht, auf das Eigentum zu verzichten, den Besitz daran aufgibt (Dereliktion gemäß § 959 BGB).

aa) Zunächst ist fraglich, ob die Eigentümer ihren **Besitz**, also die tatsächliche Gewalt **aufgegeben haben**. Wer die tatsächliche Herrschaftsgewalt über eine Sache hat, hängt auch im Zivilrecht maßgeblich von der Verkehrsanschauung ab, also von der zusammenfassenden Wertung aller Umstände des jeweiligen Falls entsprechend den Anschauungen des täglichen Lebens.[3] Eine nur vorübergehende Unterbrechung der Ausübung der Gewalt schließt die Fortdauer des Besitzes nicht aus, allerdings muss die Sache dem Besitzer so zugänglich sein, dass er auf die Sache beliebig einwirken und tatsächlich über sie verfügen kann.[4] Da die Liebespaare die Schlüssel in den Fluss geworfen hatten, haben sie ihre Zugriffsmöglichkeit auf die

Der zivilrechtliche Besitzbegriff ist nicht vollständig deckungsgleich mit dem strafrechtlichen Gewahrsamsbegriff, jedoch geht es in beiden Fällen um eine Sachherrschaft über eine Sache, die nicht rein tatsächlich, sondern auch normativ zu verstehen ist.

1 Paragraphen ohne Angabe sind solche des StGB.
2 Fischer, StGB, 66. Aufl. 2019, § 242 Rn. 5.
3 BGH NJW-RR 2017, 818, 819.
4 BGH NJW-RR 2017, 818, 820.

Schlösser verloren. Sie können diese zwar weiterhin aufsuchen, haben aber über sie keine stärkere Sachgewaltsbeziehung als beliebige Dritte. Somit haben sie den Besitz aufgegeben.

bb) Zweifelhaft ist aber, ob die Eigentümer durch das Anbringen der Schlösser und das Wegwerfen der Schlüssel zugleich auch ihren Eigentumsverzichtswillen erklärten. Nach allgemeinen Grundsätzen muss der Verzichtswille nicht ausdrücklich erklärt werden, er kann sich auch aus den Umständen ergeben, z.B. durch Wegwerfen einer Sache. Ob aber bereits aus einer Besitzaufgabe ohne weiteres auf einen Eigentumsverzicht geschlossen werden kann, hängt von den Umständen des Einzelfalles ab.[5]

(1) Teilweise wird aus den Umständen auf den entsprechenden Verzichtswillen geschlossen. Die Eigentümer könnten nicht erwarten, dass die Schlösser ewig hängen bleiben. Zudem seien die Schlösser der Witterung ausgesetzt und durch das Wegwerfen der Schlüssel verlören die Eigentümer auch die Nutzungsmöglichkeit. Dass die Schlösser als Symbol ewiger Liebe an der Brücke aufgehängt werden, habe mit dem Eigentumsrecht nichts zu tun.[6] Demnach lag ein Verzichtswille vor.

Nicht vertieft werden muss die Frage, ob die Eigentümerin der Brücke nach § 946 BGB oder § 947 BGB Eigentum erwirbt. Selbst wenn dies der Fall sein sollte, würde weiterhin fremdes Eigentum bestehen.

(2) Überwiegend wird dagegen überzeugend vertreten, dass der Wille, das Eigentum zu verlieren, nicht hinreichend belegt werden kann.[7] Es ist zwar richtig, dass die Liebespaare den Schlössern einen emotionalen Wert zuweisen, dies schließt aber nicht aus, dass sie auch weiterhin an den Schlössern als Sache selbst ein Interesse haben. Dies zeigt etwa der Umstand, dass Liebespaare ihre Schlösser „besuchen". Die Tatsache, dass das Eigentum der Witterung ausgesetzt ist, rechtfertigt kein anderes Ergebnis. Es ist geradezu typisch, dass Gegenstände, die sich im Freien befinden, sich durch Umwelteinflüsse verschlechtern, ohne dass dies generell einen Verzichtswillen begründet.

Somit bestand **weiterhin fremdes Eigentum** und die Schlösser waren für D fremd.

3. D müsste die Schlösser weggenommen haben. **Wegnahme** ist der Bruch alten und die Begründung neuen Gewahrsams. Gewahrsam ist die von einem Herrschaftswillen getragene tatsächliche Sachherrschaft über eine Sache. Ob Gewahrsam vorliegt, bestimmt sich maßgeblich nach den sozialen Anschauungen.[8] Die Sachherrschaft muss daher nicht tatsächlich ständig ausgeübt werden, sondern es genügt, dass sie potentiell gebildet werden kann. Auch eine vorübergehende Trennung des Gewahrsamsinhabers von der Sache schließt die Sachherrschaft nicht aus, soweit nach der Verkehrsanschauung nur eine Gewahrsamslockerung vorliegt.

a) Fraglich ist allerdings, ob trotz der Besitzaufgabe der Liebespaare weiterhin alter Gewahrsam im strafrechtlichen Sinne gegeben war.

aa) Dies kann mit der Begründung bejaht werden, dass die Liebespaare die Schlösser regelmäßig aufsuchten. Der Umstand, dass sie die Schlüssel weg-

---

5 Palandt/Herrler, BGB, 78. Aufl. 2019, § 959 Rn. 1. Vgl. zu zurückgelassenen Sachen Ladiges, Gedächtnisschrift Joecks, 2018, 117, 122 ff.

6 AnwK-StGB/Kretschmer, 2. Aufl. 2014, § 242 Rn. 11.

7 AG Köln Urt. v. 10.8.2012 – 526 Ds 395/12, BeckRS 2012, 20013; Sch/Sch/Bosch , StGB, 30. Aufl. 2019, § 242 Rn. 17/18; Jahn JuS 2013, 271.

8 Statt vieler Fischer § 242 Rn. 11.

geworfen hatten, hebe ihren Gewahrsam nicht auf, da ein Eigentümer gemäß § 903 BGB mit seinen Sachen verfahren könne, wie er wolle. Daher liege lediglich eine Lockerung des Gewahrsams vor, sodass von fortbestehendem Gewahrsam der Liebespaare auszugehen sei.[9]

bb) Sieht man dies anders, kommt Gewahrsam der Eigentümerin der Brücke in Betracht. Die Schlösser befanden sich innerhalb des generell beherrschten Raums der Brückeneigentümerin und sie hatte durch die Duldung einen generellen Herrschaftswillen, sodass sie keine Kenntnis von jedem einzelnen Schloss haben musste, um die Sachherrschaft auszuüben.[10] Somit bestand jedenfalls fremder Gewahrsam.

b) Diesen hat D auch gegen den Willen der Paare bzw. gegen den Willen der Brückeneigentümerin, also durch Bruch, aufgehoben und durch das Entfernen der Schlösser eigenen Gewahrsam begründet. Somit hat er die Schlösser weggenommen.

4. D müsste **vorsätzlich** gehandelt haben. Er wollte die Schlösser an sich nehmen. Fraglich ist allenfalls, ob er Vorsatz bezüglich der Fremdheit hatte, da er möglicherweise die eher komplizierten Fragen des fehlenden Eigentumsverzichtswillens nicht korrekt nachvollzogen hat. Die Fremdheit ist ein normatives Tatbestandsmerkmal, sodass es genügt, dass der Täter die äußeren Umstände kennt, die das Merkmal begründen, und im Rahmen einer Parallelwertung in der Laiensphäre die Bedeutung nachvollzieht.[11] Da D wusste, dass die Schlösser individualisiert waren und davon ausging, dass zumindest einige Liebespaare weiterhin Interesse an den Schlössern hatten, wusste er, dass er nicht berechtigt war, diese für eigene Zwecke zu entfernen. Somit hielt er es zumindest für möglich, dass weiterhin fremdes Eigentum bestand.

5. Weiterhin müsste D mit **Absicht rechtswidriger Zueignung** gehandelt haben. Er müsste zumindest billigend in Kauf genommen haben, die Berechtigten dauerhaft faktisch aus ihrer Position zu verdrängen, und beabsichtigt haben, zumindest vorübergehend wie ein Eigentümer mit der Sache zu verfahren.[12] Es ging D darum, die Schlösser wirtschaftlich auf eigene Rechnung zu verwerten. Er hatte damit das Ziel, sich die Schlösser anzueignen und ihm war auch klar, dass die Eigentümer sie nicht zurückerhalten werden. Er hatte auch keinen einredefreien und fälligen Anspruch auf Übereignung der Schlösser, so dass die Zueignung rechtswidrig war. Dies wusste D auch. Somit handelte D mit Absicht rechtswidriger Zueignung.

6. D handelte auch **rechtswidrig** und **schuldhaft.**

7. Fraglich ist, ob ein **Strafantrag** vor dem Hintergrund erforderlich ist, dass sicherlich jedes einzelne Schloss wertmäßig unter der Geringwertigkeitsgrenze von mindestens 25 € gemäß § 248 a lag. Bei der Entwendung einer Vielzahl von Sachen in Handlungseinheit wird der Wert der Einzelsachen jedoch addiert,[13] sodass die Wertgrenze insgesamt überschritten war. Ein Strafantrag ist damit nicht erforderlich.

---

9 So Reinhardt JA 2016, 189, 190.
10 Vgl. Jahn JuS 2013, 271, 272.
11 Vgl. Fischer § 16 Rn. 14.
12 Fischer § 242 Rn. 35.
13 OLG Düsseldorf NJW 1987, 1958; Sch/Sch/Bosch § 248 a Rn. 11–14.

Er hat sich damit wegen Diebstahls gemäß § 242 Abs. 1 strafbar gemacht.

III. Fraglich ist weiterhin, ob ein **besonders schwerer Fall des Diebstahls** nach **§§ 242 Abs. 1, 243 Abs. 1 S. 2 Nr. 2** gegeben ist.

1. D hat den Grundtatbestand des Diebstahls rechtswidrig und schuldhaft verwirklicht.

2. Fraglich ist, ob die Schlösser gegen **Wegnahme besonders gesichert** waren. Grundsätzlich ist ein Schloss eine Schutzvorrichtung vor Wegnahme. Problematisch ist jedoch, dass D die Schlösser, also die Sicherungsvorrichtungen selbst, weggenommen hat. Weiterhin hat D die Schlösser nicht aufgebrochen, sondern er konnte diese nach Durchschneiden der Geländestreben unbeschädigt mitnehmen. Eine derartige Umgehung der Sicherungsvorrichtung stellt keine Überwindung i.S.v. § 243 Abs. 1 S. 2 Nr. 2 dar.[14] Somit liegt kein besonders schwerer Fall des Diebstahls vor.

IV. D hat sich **wegen Sachbeschädigung** nach **§ 303 Abs. 1** strafbar gemacht, indem er mehrere Streben der Brücke durchgeschnitten und damit beschädigt hat. Der nach § 303 c erforderliche Strafantrag ist gestellt.

Zu § 304 siehe auch Fall 14

Eine gemeinschädliche Sachbeschädigung gemäß § 304 Abs. 1 an der Brücke liegt nicht vor, da nicht ersichtlich ist, dass neben der Beschädigung auch die öffentliche Funktion der Brücke beeinträchtigt worden ist.

Ergebnis: D hat sich wegen Diebstahls gemäß § 242 Abs. 1 und Sachbeschädigung gemäß § 303 Abs. 1 in Tateinheit gemäß § 52 strafbar gemacht.

---

14 Vgl. Fischer § 243 Rn. 16; Jahn JuS 2013, 271, 272 f.

Fall 2: Vollendeter Diebstahl bei Ergreifen eines Mobiltelefons
(BGH RÜ 2010, 705)

A veranlasste S, ihm sein Mobiltelefon zu zeigen. A nahm ihm dieses sodann gegen den Willen des S aus dessen Hand und verlangte für die Rückgabe 20 €. Dabei kam es ihm nicht auf das Handy, sondern auf das Geld an. S lehnte jedoch eine Zahlung ab. Hierauf fasste A den Entschluss, das Mobiltelefon zu behalten und für eigene Zwecke zu verwenden. Nach Entnahme der SIM-Karte, die er dem S aushändigte, steckte er es in seine Tasche und entfernte sich. Der S folgte ihm und forderte sein Eigentum zurück. Um im Besitz des Handys zu bleiben, schlug A dem S daraufhin mit der flachen Hand ins Gesicht und drohte ihm mit Schlägen für den Fall, dass er ihm weiter hinterher ginge. Dem fügte sich der S.

Strafbarkeit des A? Etwa erforderliche Strafanträge sind gestellt.

I. Durch das Ansichnehmen des Handys könnte A einen **Diebstahl** gemäß **§ 242 Abs. 1** begangen haben.

Obwohl auch schwerere Taten in Betracht kommen, ist zunächst der Diebstahl durch das Erlangen des Handys zu erörtern, um Inzidentprüfungen zu vermeiden.

1. Das im Eigentum des S stehende Gerät war für A eine **fremde bewegliche Sache**.

2. Fraglich ist, ob A das Handy bereits weggenommen hatte, als es in den Händen hielt. Eine **Wegnahme** setzt voraus, dass **fremder Gewahrsam gebrochen** und **neuer Gewahrsam begründet** worden ist. Gewahrsam ist die von einem Herrschaftswillen getragene tatsächliche Herrschaft über eine Sache. Zweifel an der Begründung neuen Gewahrsams und damit an der Tatvollendung bestehen deshalb, weil A das Gerät offen sichtbar in der Hand hielt und sich S als bisheriger Gewahrsamsträger in unmittelbarer Zugriffsnähe befand. Möglicherweise lag daher nur eine Gewahrsamslockerung vor.

Ob eine Gewahrsamserlangung und damit objektiv eine Vollendung des Diebstahls vorliegt, ist nach der Verkehrsauffassung zu beurteilen.[15] Es kommt darauf an, ob der neue Gewahrsamsinhaber die Herrschaft über die Sache ungehindert durch den alten Gewahrsamsinhaber ausüben kann (objektiv) und will (subjektiv). Dabei kommen Größe und Beschaffenheit des Tatobjekts eine erhebliche Bedeutung zu. Der BGH lässt bei handlichen und leicht beweglichen Sachen regelmäßig schon ein Ergreifen und Festhalten des Gegenstands als Wegnahmehandlung genügen und weist in Fällen, in denen der Täter einen leicht zu transportierenden Gegenstand an sich gebracht hat, dem Täter jedenfalls dann die ausschließliche Sachherrschaft zu, wenn er den umschlossenen Herrschaftsbereich des Gewahrsamsinhabers verlassen hat.[16] Daran ändert die Anwesenheit des Opfers bzw. Beobachtung des auf frischer Tat betroffenen Täters nichts, da der Diebstahl keine heimliche Tat ist.

A hat bereits durch das Ansichnehmen alleinige Sachherrschaft über das Handy begründet und die Sachherrschaft des S beseitigt. Ein Verlassen des

15 Wessels/Hillenkamp/Schuhr, BT 2, 41. Aufl. 2018, Rn. 82 ff.
16 BGH RÜ 2015, 24; RÜ 2019, 303.

Tatorts zur Vollendung war nicht mehr erforderlich. A hatte eine „bessere" Beherrschungsmöglichkeit, indem er das kleine Handy fest in der Hand hielt. S hätte nur mit dem Einsatz körperlichen Zwangs gegen den Willen des A das Handy zurückerlangen können. Der Gewahrsamswechsel geschah auch durch Bruch, da S das Handy dem A nur zeigen wollte, es aber nicht aus der Hand geben wollte.

Also hat A bereits mit dem Ansichnehmen das Handy weggenommen.

3. A handelte hinsichtlich des Tatobjekts und der Tathandlung **vorsätzlich**.

4. A müsste auch **Absicht rechtswidriger Zueignung** besessen haben, als er das Gerät an sich nahm. Dazu müsste er in der Vorstellung gehandelt haben, den Berechtigten dauerhaft zu enteignen und sich oder einem Dritten den Gegenstand anzueignen, wobei nach der Vereinigungstheorie entweder die Sache selbst oder der in ihr verkörperte Sachwert dem Vermögen des Berechtigten dauerhaft entzogen und dem des Nichtberechtigten zumindest vorübergehend einverleibt werden soll.[17]

A ging es bei der Wegnahmehandlung allein darum, das Handy als Druckmittel einzusetzen, um 20 € gleichsam als Lösegeld zu erlangen. Mit dieser Vorstellung wollte A weder die Sache selbst noch den in ihr verkörperten funktionsspezifischen Sachwert seinem Vermögen einverleiben. Soweit A später den Entschluss fasste, das Handy zu behalten, ist diese Vorstellung als nachfolgender Vorsatz (dolus subsequens) unschädlich, da allein die Vorstellung bei Begehung der Tat (§§ 8, 16 Abs. 1 S. 1) entscheidend ist.

Eine Strafbarkeit aus § 242 Abs. 1 scheidet mithin aus.

II. Durch das Verlangen nach 20 € könnte A eine **versuchte Erpressung** gemäß **§§ 253 Abs. 1 und 3, 22, 23 Abs. 1** begangen haben.

1. Eine Erpressung ist mangels Zahlung nicht vollendet worden, der **Versuch** ist gemäß § 253 Abs. 3 unter Strafe gestellt.

2. A müsste den **Tatentschluss** gefasst haben, S durch Drohung zu einem Handeln, Dulden oder Unterlassen zu nötigen, das sich unmittelbar vermögensmindernd auswirkte.

A wollte von S 20 € als Gegenleistung für die Rückgabe des Handys erhalten. Die Aufforderung nach einer Geldzahlung sollte nach Vorstellung des A zugleich konkludent die Drohung enthalten, bei Nichtzahlung das Handy einzubehalten. Ein derartiges Drohen mit einem Unterlassen der Rückgabe des Handys wäre, da A zur Rückgabe verpflichtet war, tatbestandlich ein in Aussicht gestelltes zukünftiges Übel für S. Hierdurch sollte S zu einer Geldzahlung und damit zu einer vermögensschädigenden Handlung veranlasst werden. A verfolgte damit die Absicht, seine Vermögenslage ohne entsprechenden Anspruch auf Kosten des S zu verbessern, sich also an dem Geld stoffgleich und rechtswidrig zu bereichern. Er hatte damit den Tatentschluss für eine Erpressung.

3. Zum **Versuch angesetzt** hat er gemäß § 22 mit Aussprechen der Drohung, also einer Teilverwirklichung des Tatbestandes.

---

17 Fischer § 242 Rn. 35.

4. Rechtswidrigkeit und **Schuld** liegen ebenfalls vor.

A hat sich damit wegen versuchter Erpressung strafbar gemacht.

III. Durch Entnahme der SIM-Karte und Einstecken des Handys hat A eine **Unterschlagung** gemäß **§ 246 Abs. 1** verwirklicht, da sich durch dieses Verhalten (erstmals) sein Zueignungswille hinsichtlich des Handys eindeutig nach außen manifestierte.

Im vorliegenden Fall wird die Auffangfunktion der Unterschlagung – Stichwort: Zueignung ohne Wegnahme – deutlich!

IV. Durch den Schlag mit der Hand hat sich A wegen einer körperlichen Misshandlung und damit vorsätzlicher **Körperverletzung** gemäß **§ 223 Abs. 1** strafbar gemacht. Der für die Strafverfolgung nach § 230 Abs. 1 erforderliche Strafantrag ist gestellt.

V. Die Begehung eines **Raubes** gemäß **§ 249 Abs. 1** durch den Schlag scheidet aus, da A keine Gewalt zur Wegnahme eingesetzt hatte. Diese war bereits vorher vollendet.

Beachte: § 252 setzt einen Diebstahl/Raub voraus. Bei einem nur versuchten Diebstahl kann die nachfolgende qualifizierte Nötigungshandlung die Tat zum Raub qualifizieren.

VI. A könnte aber durch diesen Schlag einen **räuberischen Diebstahl** gemäß **§ 252** begangen haben. Dann müsste er bei einem Diebstahl auf frischer Tat betroffen gegen eine Person Gewalt verübt haben, um sich im Besitz des gestohlenen Gutes zu erhalten.

A hatte zwar nach der Wegnahme und einer weiteren Handlung Gewalt gegen eine Person eingesetzt, um im Besitz des weggenommenen Handys zu bleiben. Allerdings hatte er zuvor mangels Zueignungsabsicht keinen Diebstahl verwirklicht, sodass ein räuberischer Diebstahl ausscheidet.

Die Prüfung einer Sicherungserpressung wird häufig übersehen!

VII. A könnte durch den Schlag eine **räuberische Erpressung** gemäß **§§ 253 Abs. 1, 255** begangen haben.

1. A hat mit dem Schlag **Gewalt gegen eine Person** eingesetzt.

2. Durch die Gewaltanwendung hat er zugleich erreicht, dass es als Folge der Gewalteinwirkung unterließ, ihn weiter zu verfolgen bzw. das Handy heraus zu verlangen.

3. Hierdurch müsste ein – weiterer – **Vermögensnachteil** eingetreten sein. Dieser Vermögensnachteil könnte vorliegend ausschließlich im endgültigen Besitzverlust des Handys zu erblicken sein. Der BGH sieht in Fällen derartiger Sicherungserpressungen, in denen der Täter zur Verteidigung bereits weggenommener Sachen nachfolgend Nötigungsmittel einsetzt, keinen neuen tatbestandlich eingetretenen Vermögensschaden[18] und lehnt eine Bestrafung aus § 255 ab.

Auf die umstrittene Frage, ob die Erpressung eine Vermögensverfügung verlangt, ist angesichts anerkannter Straflosigkeit der Sicherungserpressung nicht einzugehen. Zumal eine Verfügung hier vorliegt.

Nach a.A. tritt die Sicherungserpressung als mitbestrafte Nachtat hinter diejenige Vortat, die eine Vermögensverschiebung herbeigeführt hatte, zurück.

VIII. Durch den Schlag hat A eine **Nötigung** gemäß **§ 240 Abs. 1** begangen, da S es infolge dieser Handlung unterließ, den A weiter zu verfolgen.

Ergebnis: A hat sich wegen Unterschlagung (§ 246 Abs. 1), tatmehrheitlich (§ 53) hierzu wegen Körperverletzung (§ 223 Abs. 1) in Tateinheit (§ 52) mit Nötigung (§ 240 Abs. 1) strafbar gemacht.

Die Annahme einer Sicherungserpressung widerspräche überdies der gesetzgeberischen Konzeption des § 252, wonach nur qualifizierte Nötigungsmittel nach einem Diebstahl – zudem auf frischer Tat betroffen – die Tat in eine räuberische Strafe qualifizieren soll.

18 BGH NJW 1984, 501; RÜ 2011, 579, 581.

Fall 3: Diebstahl an Körperbestandteilen Verstorbener
(BGH RÜ 2015, 581)

L war als Bediener für Einäscherungsanlagen in einem Krematorium der Stadt X, einer öffentlichen Einrichtung, beschäftigt. Zu seinen Aufgaben gehörte es, nach einem Verbrennungsvorgang ein Metallfach aus dem Ofen zu nehmen, in welchem sich Verbrennungsgegenstände befanden, und diese nach größeren Metallteilen, insbesondere künstlichen Gelenken, zu durchsuchen. Diese waren in einem Sammelbehälter zu werfen und wurden später durch das Krematorium veräußert. Darüber hinaus hatte L Zahngold und Schmuckreste aus den Verbrennungsrückständen zu entnehmen und gesondert abzulegen. Auch diese Gegenstände wurden veräußert, um die Erlöse an die Kinderkrebshilfe zu spenden. Die verbliebenen Reste wurden in einer Knochenmühle gemahlen und dann in die jeweilige Urne gefüllt. L entnahm im Rahmen seiner Tätigkeit an 110 verschiedenen Tagen an den Einäscherungsanlagen Zahngoldbruch aus den Ascheresten der zuvor eingeäscherten Verstorbenen, um das Gold selbst zu verkaufen, ohne sich Gedanken über die Eigentumslage zu machen.

Strafbarkeit des L?

I. L könnte sich wegen **Diebstahls** gemäß **§ 242 Abs. 1**, tatmehrheitlich in 110 Fällen, strafbar gemacht haben, indem er das Zahngold aussortierte, um es zu veräußern.

1. Dazu muss es sich bei dem Zahngold um eine **Sache** gehandelt haben. Sachen im strafrechtlichen Sinne sind alle **körperlichen Gegenstände.**[19]

Der **lebende Mensch ist als Rechtssubjekt keine Sache.**[20] Implantate, die als künstliche Bestandteile natürliche Körperteile und -funktionen ersetzen oder unterstützen, verlieren daher ihre Sacheigenschaft, wenn sie mit dem menschlichen Körper fest verbunden und nicht jederzeit ablösbar sind. Das betrifft z.B. künstliche Hüftgelenke und Herzschrittmacher. Künstliche Körperbestandteile werden mit ihrem Einsatz zum Bestandteil des menschlichen Körpers. Der menschliche **Leichnam wird zur Sache.**[21] Auch hier teilen feste künstliche Bestandteile das rechtliche Schicksal des Leichnams. Das Zahngold als fester Bestandteil des menschlichen Körpers wird mit dem Tod des Menschen zu einer Sache.

Die Frage, ob das Tatobjekt eine fremde bewegliche Sache ist, ist nicht selten Problem in strafrechtlichen Klausuren. Diskutiert wurde neben der vorliegenden Konstellation die Sachqualität von Tieren. Hier ist § 90 a BGB zu erwähnen. Entweder folgt man einem eigenständigen strafrechtlichen Sachenbegriff oder man verweist auf die gesetzlich angeordnete Analogie des § 90 a BGB. In einem unproblematischen Klausurfall bedarf es nur eines Satzes zur Bestimmung des Tatobjekts.

2. Das Zahngold als Sache müsste **fremd** gewesen sein. **Fremd** ist eine Sache, **wenn sie im Eigentum eines anderen** steht.[22] Das setzt Eigentumsfähigkeit voraus. Der **menschliche Leichnam** ist in seinem postmortalen Persönlichkeitsschutz **nicht eigentumsfähig**, wenn er zur Bestattung bestimmt ist.[23] Das trifft auch auf die künstlichen Bestandteile des menschlichen Körpers zu.[24] Der menschliche Leichnam ist mit seinen ursprüngli-

19 Wessels/Hillenkamp/Schuhr BT 2 Rn. 74.
20 Wessels/Hillenkamp/Schuhr BT 2 Rn. 76.
21 OLG Nürnberg NJW 2010, 2071; Kretschmer JA 2015, 108.
22 Wessels/Hillenkamp/Schuhr BT 2 Rn. 79.
23 Kudlich JA 2015, 872.
24 Vgl. Kretschmer JA 2015, 108.

chen festen Bestandteilen nicht fremd. Das Zahngold der Verstorbenen war daher herrenlos.

L hat sich nicht wegen Diebstahls strafbar gemacht.

Da sich L keine Gedanken über die Eigentumslage gemacht hat, kommt ein untauglicher Versuch nicht in Betracht.

II. L könnte sich wegen **Störung der Totenruhe** gemäß **§ 168 Abs. 1** strafbar gemacht haben, indem er das Zahngold aus den Ascheresten entfernte.

1. Dann müsste es sich bei dem Zahngold um **Asche als Tatobjekt** gehandelt haben.

§ 168 und die Definition von Asche als Tatobjekt gehören nicht zum strafrechtlichen Grundwissen. Hier sind Sprach- und Rechtsgefühl gefragt. Bei der Auslegung hilft stets der Blick auf das geschützte Rechtsgut.

a) Nach dem OLG Nürnberg bezeichnet Asche einen pulverigen staubartigen Verbrennungsrückstand, es handelt sich ausschließlich um Material, das nach dem Verbrennungsvorgang von dem verbrannten Gegenstand zurückgeblieben ist. Danach sind Gegenstände, die das Feuer unversehrt überstanden haben und zusammen mit den Resten des verbrannten Materials am Ort der Verbrennung zurückgeblieben sind, keine Asche. Sie liegen lediglich in dieser.[25] Eine Ausdehnung des Aschebegriffs auf sämtliches Material, das nach einer Verbrennung „übrig bleibt", wäre mit dem Wortsinn von „Asche" nicht zu vereinbaren und verstieße demnach gegen Art. 103 Abs. 2 GG.[26] Demnach wäre das Zahngold nicht als Asche zu verstehen.

b) Der BGH hat „Asche" dagegen weit ausgelegt. Darunter fielen **sämtliche nach der Einäscherung verbleibenden Rückstände** und somit auch die vormals mit einem Körper fest verbundenen fremden Bestandteile, die nicht verbrennbar sind.[27] Asche sei also die Gesamtheit des Verbrennungsrückstands, unabhängig davon, ob es sich um organisches oder anorganisches Material handelt. Danach würde das Zahngold unter dem Begriff Asche fallen.

c) Für die Auffassung des BGH spricht, dass Art. 103 Abs. 2 GG nicht fordert, nur streng den Wortlaut im Sinne einer grammatikalischen Auslegung in den Blick zu nehmen, sondern natürlich kann der Wortsinn von Tatbestandsmerkmalen auch unter Rückgriff auf die übrigen Auslegungsmethoden ermittelt werden.[28] In der Entstehungsgeschichte des § 168 war zunächst von „Ascheresten" die Rede, womit sämtliche Reste des verbrannten Körpers gemeint waren. Der Begriff „Asche" wurde dann synonym verwendet, ohne dass dies eine inhaltliche Änderung bedeuten sollte.[29] Auch das Schutzgut des § 168 Abs. 1 spricht für eine weite Auslegung. § 168 Abs. 1 schützt das Pietätsgefühl der Allgemeinheit und den postmortalen Persönlichkeitsschutz des Verstorbenen. Dieser Schutz gebührt der **sterblichen Hülle und den Überresten eines Menschen in ihrer Gesamtheit**. Zu dieser Gesamtheit gehören aber gerade auch künstliche Körperteile wie das Zahngold, die durch die Einbeziehung in die Körperfunktion ihres Trägers ihre Sachqualität verloren haben und nicht ohne Verletzung der Körperintegrität entfernt werden können.[30] Das Zahngold war also **Teil der Asche**.

25 OLG Nürnberg NJW 2010, 2071, 2073 f.
26 OLG Nürnberg NJW 2010, 2071, 2073 f.
27 BGH RÜ 2015, 581, 582; vgl. auch OLG Bamberg RÜ 2008, 308; Kudlich JA 2015, 872, 873.
28 Vgl. Kudlich JA 2015, 872, 873.
29 BGH RÜ 2015, 581, 582.
30 BGH RÜ 2015, 581, 582 f.

Der Begriff der Wegnahme ist tatbestandsspezifisch auszulegen. Er verlangt in § 168 allein den Bruch des Obhutsverhältnisses, die Begründung eines neuen Gewahrsamsverhältnisses bedarf es nicht.

2. Dadurch dass L das Zahngold aus den Ascheresten an sich genommen hat, hat er ein fremdes Obhutsverhältnis – das des Krematoriums – gebrochen. Eine **Wegnahme** i.S.d. § 168 Abs. 1 liegt vor.

3. L handelte **vorsätzlich**, **rechtswidrig** und **schuldhaft**.

L hat sich wegen Störung der Totenruhe strafbar gemacht.

III. L könnte sich wegen **Verwahrungsbruch** gemäß **§ 133 Abs. 1** strafbar gemacht haben, indem er das Zahngold an sich nahm.

1. Die Asche müsste sich **in dienstlicher Verwahrung** befunden haben. Eine Sache befindet sich in dienstlicher Verwahrung, wenn sie von einer Behörde, einem Amtsträger oder sonst hoheitlich in Gewahrsam genommen ist, um sie der Behörde für hoheitliche Zwecke zu erhalten. Gegenstände, die dem Verbrauch oder Gebrauch dienen, unterfallen nicht der dienstlichen Verwahrung. Die Asche samt Zahngold befand sich im Gewahrsam des Krematoriums der Stadt X zur Erfüllung des öffentlich-rechtlichen Bestattungswesens als hoheitlichen Zweck.[31] Das erfasst die Asche in ihrer Gesamtheit, wenn auch das Zahngold nicht verbrannt werden, sondern nach Veräußerung durch das Krematorium gespendet werden sollte.

2. L handelte **vorsätzlich**, **rechtswidrig** und **schuldhaft**.

L hat sich wegen Verwahrungsbruchs nach § 133 Abs. 1 strafbar gemacht.

Konkurrenzen und Ergebnis: L hat in 110 Fällen durch dieselbe Handlung zwei Straftatbestände erfüllt. Störung der Totenruhe und Verwahrungsbruch schützen verschiedene Rechtsgüter, sodass Tateinheit gemäß § 52 gegeben ist. Die 110 Fälle stehen in Tatmehrheit gemäß § 53 zueinander.

---

31 Vgl. OLG Nürnberg NJW 2010, 2071 f.; a.A. ist vertretbar.

Fall 4: Abgrenzung Trickdiebstahl/Betrug
(BGHSt 41, 198)

F ging im R-Markt mit einem Einkaufswagen in die CD-Abteilung, wo sie zwei CDs im Gesamtwert von 22 € aus den Auslagen nahm und flach auf den Boden des Einkaufswagens legte. Danach deckte sie diese mit einem Werbeprospekt ab und legte weitere Sachen in den Wagen. An der Kasse legte sie die oben liegenden Gegenstände auf das Band, nicht aber die CDs. Nach der Bezahlung mehrerer Gebrauchsgegenstände verließ sie den Kassenbereich und wurde hinter der Kassenzone von einem Detektiv, der alles beobachtet hatte, vorläufig festgenommen.

Strafbarkeit der F? Ggf. erforderliche Strafanträge sind gestellt.

I. F könnte einen **Diebstahl** gemäß **§ 242 Abs. 1** begangen haben, als sie die CDs im Einkaufswagen unter dem Werbeprospekt versteckte.

Anknüpfungsverhalten ist historisch zunächst das „Verstecken", nicht schon die Herausnahme aus den Auslagen.

1. Die CDs waren für F **fremde bewegliche Sachen**.

2. Das Abdecken der CDs mit dem Werbeprospekt wäre eine **Wegnahme**, wenn hierdurch Gewahrsam des R-Marktes gebrochen und bereits neuer Gewahrsam durch F begründet worden wäre. Nach der Verkehrsanschauung verliert ein Geschäftsinhaber den Alleingewahrsam an seinen Waren nicht bereits durch Verstecken der Ware im oder auf dem Boden des Einkaufswagens. Da das Geschäftspersonal befugt ist, den Inhalt des Einkaufswagens zu kontrollieren, wird der tatsächliche Zugriff des Geschäftsinhabers auf die Sache nicht wesentlich behindert. Bedeutungslos ist insoweit die fehlende Kenntnis des Geschäftsinhabers, wo sich die Gegenstände befinden, solange er nur den ungehinderten Zugriff auf die Sache behält.[32]

Anderes gilt beim Verstecken in mitgeführten Taschen oder Behältnissen.

Damit scheidet ein Diebstahl durch Abdecken der CDs aus.

II. F könnte jedoch einen **Diebstahl** gemäß **§ 242 Abs. 1** verwirklicht haben, als sie mit den versteckten CDs den Kassenbereich verließ.

1. Möglicherweise waren die CDs aber zu diesem Zeitpunkt nicht mehr fremd und dann keine tauglichen Tatobjekte mehr. Denn zeitgleich zum Kassiervorgang einigte sich das Kassenpersonal – gemäß § 56 HGB als Vertreter für den Geschäftsinhaber – mit F über den Eigentumserwerb der Waren. Allerdings ist bei Auslegung der Willenserklärungen des Kassenpersonals gemäß §§ 157, 242 BGB zu berücksichtigen, dass eine Übereignung nur derjenigen Waren gewollt war, die wahrgenommen und abrechnungstechnisch erfasst waren. Der Übereignungswille erstreckte sich mithin nicht auf vorbeigeschmuggelte Waren. Somit waren die CDs weiterhin fremd und blieben taugliche Tatobjekte.

2. Das Passieren des Kassenbereichs müsste sich des Weiteren als eine **Wegnahme** darstellen. Eine Wegnahme setzt einen Gewahrsamswechsel unter Bruch fremden Gewahrsams voraus, der Täter muss also gegen oder ohne Willen des bisherigen Gewahrsamsinhabers den Herrschaftswechsel herbeiführen.

32 Vgl. Fischer § 242 Rn. 13.

a) Ein derartiger Bruch könnte durch den Kassiervorgang ausgeschlossen sein.

aa) So wird vertreten, dass bei der Abfertigung von Kunden durch das Kassenpersonal ein **tatbestandsausschließendes Einverständnis (=Vermögensverfügung)** gegeben sei, das sich auf den gesamten Inhalt des Einkaufswagens erstrecke,[33] mithin auch auf die versteckten CDs. Es wird argumentiert, dass das Kassenpersonal faktisch und rechtlich die Aufgabe hat, die Waren im Einkaufswagen zu kontrollieren und abzurechnen. Mit der Abfertigung habe diese Willensbildung schließlich stattgefunden. Danach wäre vorliegend ein Diebstahl abzulehnen und ein Betrug zu prüfen.

bb) Demgegenüber lehnt die h.M.[34] ein tatbestandsausschließendes Einverständnis in Fällen wie dem vorliegenden ab, da das Kassenpersonal nicht den Willen habe, den Gewahrsam über den konkreten Gegenstand, hier die versteckten CDs, aufzugeben. Wer nichts von der versteckten Ware wisse, verfüge nicht irrtumsbedingt hierüber, sondern **verfüge überhaupt nicht**.

Vielfach wird allerdings Betrug angenommen, wenn der Täter an der Kasse verpackte Ware bezahlt und vorher in die Verpackung zusätzliche Ware versteckt hat. Es wird argumentiert, dass dann über den gesamten Inhalt, auch den unbekannten, verfügt werde.[35]

cc) Mit der h.M. ist vorliegend ein tatbestandsausschließendes Einverständnis abzulehnen. Ein vermeintlich genereller Verfügungswille in Bezug auf den gesamten Inhalt des Einkaufswagens ist als bloße Fiktion abzulehnen. Vielmehr konkretisiert das Kassenpersonal seinen Verfügungswillen grundsätzlich dadurch, dass die Preise der vorgelegten Ware eingetippt bzw. eingescannt und dem Kunden berechnet werden. Nur auf diese Waren bezieht sich überdies der Abschluss des Kaufvertrags.

Infolgedessen könnte trotz der Willensbildung des Kassenpersonals von einem Gewahrsamsbruch ausgegangen werden.

b) Fraglich bleibt aber, ob die **Beobachtung** durch den Warenhausdetektiv einen Bruch ausschließt.

Die Annahme eines Einverständnisses ist grob falsch: Der Detektiv ist niemals einverstanden!

aa) Angesichts der Beobachtung und hieraus resultierender jederzeitiger Zugriffsmöglichkeit durch den Berechtigten (oder Hilfspersonal) wird die Annahme eines vollendeten Diebstahls zum Teil abgelehnt.[36] Es liege in der Regel nur eine Gewahrsamslockerung, keinesfalls schon ein Herrschaftswechsel vor, wie überdies die regelmäßige Sicherung der Beute noch im Warenhaus durch das Personal belege. Danach kommt nur ein versuchter Diebstahl in Betracht.

Merke: Diebstahl ist kein heimliches Delikt!

bb) Die h.M.[37] bejaht dagegen einen vollendeten Diebstahl. Nach den Anschauungen des täglichen Lebens ist ein Täter Träger der alleinigen Sachherrschaft, wenn er mit „seinem Einkaufswagen" nach der Abfertigung den Kassenbereich verlässt. Jeder Dritte wird diese für ihn fremde Herrschaftssphäre als Tabuzone respektieren. Hiernach liegt eine vollendeten Wegnahme vor.

cc) Überzeugender ist die Annahme einer bereits vollendeten Wegnahme, wie eine mögliche Weigerung des Täters zur Rückgabe der mitgenomme-

---

33 OLG Düsseldorf NStZ 1993, 286.
34 BGHSt 41, 198; Rengier, BT I, 21. Aufl. 2019, § 13 Rn. 86 m.w.N.
35 Vgl. zum Streit m.w.N. auch zur Gegenauffassung Rengier BT I § 13 Rn. 88 f.
36 Sch/Sch/Bosch § 242 Rn. 40.
37 BGHSt 16, 271; Fischer § 242 Rn. 18; Rengier BT I § 2 Rn. 49 m.w.N.

nen Gegenstände verdeutlicht. Das Herausgabebegehren müsste angesichts der tatsächlichen Herrschaftsbeziehung des Täters zur Sache gegebenenfalls mit Gewalt durchgesetzt werden.

Im Ergebnis hat F die CDs weggenommen.

3. F handelte **vorsätzlich** und mit der Absicht rechtswidriger Zueignung.

4. Rechtswidrigkeit und **Schuld** sind gegeben.

5. Die Tat ist nach **§ 248 a antragsbedürftig**, weil der Gesamtwert der Beute nicht über 25-30 €[38] und damit unterhalb der Geringwertigkeitsschwelle liegt. Der Antrag ist gestellt.

F hat sich damit wegen Diebstahls strafbar gemacht.

III. F könnte sich wegen **Betrugs** nach **§ 263 Abs. 1** durch das Vorbeischmuggeln der CDs strafbar gemacht haben.

1. F hat die Verkäuferin schlüssig über den Umfang der von ihr zu bezahlenden Waren **getäuscht**.

2. Die Verkäuferin ist auch einem entsprechenden **Irrtum** unterlegen.

3. Die Verkäuferin müsste aber auch eine **irrtumsbedingte Vermögensverfügung** vorgenommen haben. Dafür ist – inhaltsgleich mit dem Einverständnis bei der Wegnahme – erforderlich, dass sie das Bewusstsein hatte, über den Gewahrsam an den CDs zu disponieren. Dieses sogenannte Verfügungsbewusstsein bei täuschungsbedingter Erlangung von Sachen ist Voraussetzung des Betruges, damit das zwischen Diebstahl als Fremdschädigungsdelikt und Betrug als Selbstschädigungsdelikt geltende **Exklusivitätsverhältnis** erhalten bleibt. Im vorliegenden Fall war der Verkäuferin aber gerade nicht bewusst, dass F auch noch CDs in ihrem Warenkorb hatte. Mangels Verfügungsbewusstsein scheidet Betrug aus.

Die mögliche Vermögensverfügung liegt nicht etwa in dem Unterlassen, einen Kaufpreisanspruch nach § 433 Abs. 2 BGB geltend zu machen, da mangels Einigung überhaupt kein Kaufvertrag hinsichtlich der CDs vorlag.

Ergebnis: F hat sich wegen Diebstahls strafbar gemacht.

---

38 BGH, Beschl. v. 04.03.2004 – 2 StR 176/04, BeckRS 2004, 07428; Fischer § 248 a Rn. 3 a. Eine Anhebung der Grenze auf 50 € fordern hingegen etwa OLG Hamm NJW 2003, 3145; Wessels/Hillenkamp/Schuhr BT 2 Rn. 252, 339 m.w.N.

Fall 5: Diebstahl oder Computerbetrug an der Scannerkasse
(OLG Hamm RÜ 2013, 714)

T begab sich in einen Supermarkt, der mit sog. Scannerkassen ausgerüstet war. Diese ersetzen als Selbstbedienungskasse das Verkaufspersonal. Dieses war auch nicht hilfsweise anwesend. Er ging zum Zeitschriftenregal, entnahm einen „Playboy" für 5 € und lief zur Selbstbedienungskasse. Dort scannte er nicht den auf dem „Playboy" befindlichen Strichcode ein, sondern hielt den zuvor von seiner Tageszeitung „WAZ" ausgerissenen Strichcode, den er in seinem Portemonnaie mit sich geführt hatte, unter das Lesegerät. Die Kasse zeigte daraufhin den Preis für eine „WAZ" von 1,20 € an, welchen der T bezahlte. Er verließ mit dem „Playboy" das Geschäft.

Wie hat sich T strafbar gemacht? Der Inhaber des Supermarktes hat Strafantrag gestellt, § 123 ist nicht zu prüfen.

I. Ein **Betrug** nach **§ 263 Abs. 1** durch T liegt nicht vor, weil Maschinen und Datenverarbeitungsanlagen nicht getäuscht werden und sie auch nicht irren können.

II. T könnte sich wegen **Computerbetrugs** gemäß **§ 263 a Abs. 1** strafbar gemacht haben, indem er durch die Manipulation an der Scannerkasse den Playboy für den Preis der WAZ „kaufte".

Das OLG Hamm „springt" in der zugrundeliegenden Entscheidung gleich auf das Merkmal der Beeinflussung des Datenverarbeitungsvorgangs. Dies ist in einer Klausur allerdings nicht zu empfehlen, da § 263 a Abs. 1 die unterschiedlichen Handlungsvarianten im Einzelnen aufführt. Bei derartigen verhaltensgebundenen Erfolgsdelikten ist zuerst die Tathandlung und dann der darauf beruhende Erfolg zu prüfen, vgl. AS-Skript Strafrecht BT 2 (2019), Rn. 210.

1. Zunächst müsste eine **Tathandlung** vorliegen. In Betracht kommt eine Verwendung unrichtiger oder unvollständiger Daten nach § 263 a Abs. 1 Var. 2 oder die unbefugte Verwendung von Daten nach § 263 a Abs. 1 Var. 3. Wenn auch die Strichmuster als Barcodes, die bei der Scanner-Technik verwendet werden, in ihrer unmittelbaren Wahrnehmbarkeit keine Daten i.S.d. § 202 a sind, fallen sie als kodierte Informationen dennoch unter § 263 a, da der Datenbegriff ohne Bezugnahme auf § 202 a Abs. 2 in dieser Norm weit zu verstehen ist.[39] Eine Verwendung von Daten liegt jedenfalls dann vor, wenn sie in den Datenverarbeitungsvorgang eingeführt werden.[40] T hat den Strichcode der WAZ eingescannt und damit in den Datenverarbeitungsprozess der Kasse eingegeben. Er hat also Daten verwendet.

a) Fraglich ist aber, ob dies eine **unrichtige oder unvollständige Datenverwendung** war. Unrichtig sind Daten, wenn sie den darzustellenden Lebenssachverhalt unzutreffend wiedergeben; unvollständig sind sie, wenn sie den Lebenssachverhalt nicht ausreichend erkennen lassen.[41]

aa) Das OLG Hamm hat bei einem vergleichbaren Sachverhalt eine Tathandlung nach § 263 a Abs. 1 Var. 2 verneint. Es sei erforderlich, dass die Daten zu einem Ergebnis verarbeitet werden, das inhaltlich entweder falsch ist oder den bezeichneten Sachverhalt nicht ausreichend erkennen lässt, also den Computer faktisch „täuscht". Das Einscannen des Strichcodes der WAZ habe aber bewirkt, dass der Preis für diese Zeitung korrekt durch die Kasse angegeben worden ist.[42]

---

39 Wessels/Hillenkamp/Schuhr BT 2 Rn. 605.
40 Fischer § 263 a Rn. 8.
41 Fischer § 263 a Rn. 7.
42 OLG Hamm RÜ 2013, 714.

bb) Dem ist jedoch nicht zuzustimmen. Das OLG Hamm vermischt den Maßstab der unrichtigen Programmgestaltung mit der Verwendung unrichtiger oder unvollständiger Daten. T hat gerade nicht die Daten eingescannt, die zur ordnungsgemäßen Berechnung der mitgenommenen Ware erforderlich waren. Er hat also notwendige wahre Tatsachen vorenthalten und damit unvollständige Daten i.S.v. § 263 a Abs. 1 Var. 2 verwendet.[43]

Siehe auch die Fälle 22 und 23. Dennoch gehört dieser Fall in den Komplex „Diebstahl". Es geht um die in Prüfungen sehr beliebte Konstellation der Supermarktfälle und der Abgrenzung von Betrug und Diebstahl. Hier geht es um die moderne Version der Computerkasse und § 263 a. Auch hier schließen sich Betrug und Diebstahl exklusiv aus. Neue Fallkonstellationen veranlassen Prüfer zu neuen Aufgabenstellungen.

b) Weiterhin könnte er Daten **unbefugt verwendet** haben. Fraglich ist, welcher Maßstab an das Tatbestandsmerkmal „unbefugt" zu legen ist.

aa) Auf den ersten Blick könnte man eine **subjektivierende Auslegung** vornehmen.[44] Danach ist jede Verwendung unbefugt, die dem wirklichen oder mutmaßlichen Willen des Berechtigten widerspricht. Es entsprach vorliegend gewiss nicht dem Willen des Supermarktbetreibers, dass T die Barcode-Daten einer WAZ zum Erwerb eines Playboys nutzte, sodass insoweit eine unbefugte Datenverwendung gegeben war.

bb) Gegen die subjektivierende Ansicht spricht jedoch, dass schon Fälle von bloßer Vertragsverletzung durch § 263 a Abs. 1 erfasst werden würden, soweit ein Handeln gegen den Willen des Berechtigten gegeben ist. Damit würde die Vorschrift eine fast uferlose Weite bekommen, was vom gesetzgeberischen Willen jedoch nicht gedeckt wäre. Vielmehr sollte § 263 a Abs. 1 nur dazu dienen, Strafbarkeitslücken zu schließen, die durch den Einsatz datenverarbeitender Systeme anstelle von Menschen entstanden waren. Eine allgemeine „Computeruntreue" sollte aber nicht eingeführt werden. Überzeugen kann daher nur eine **betrugsspezifische** Auslegung der Unbefugtheit.[45] Der Computerbetrug ist in seiner Struktur dem Betrug nachgebildet. Beide Delikte schützen das Vermögen. Während in § 263 ein Mensch getäuscht wird, wird in § 263 a Abs. 1 ein Datenverarbeitungsprogramm – eine Maschine – „getäuscht". Das Verhalten setzt daher **Täuschungsäquivalenz** voraus. Diese ist gegeben, wenn die Verwendung der Daten gegenüber einer Person Täuschungscharakter hätte.

Damit sind die Probleme noch nicht gelöst. Die Frage, ob ein Verhalten Täuschungscharakter hat oder eben nicht, kann sehr schwierig sein (siehe zum Betrug durch „Ping-Anrufe", BGH RÜ 2014, 512). Es gilt: Der erste Prüfungsschritt einer Klausur ist, die fallrelevanten Probleme zu entdecken. Das ist der schwierigste und wichtigste Prüfungsschritt! Der zweite Prüfungsschritt ist die Lösung dieser Probleme.

Man muss sich daher einen fiktiven Verkäufer vorstellen, der sich genau mit den Fragen befasst, die auch der Computer prüft. Die Scannerkasse **überprüft aber nicht,** ob angegebener Preis und Ware übereinstimmen. Auf dieser Basis würde auch ein fiktiver Verkäufer diesen Umstand nicht prüfen und daher auch nicht getäuscht werden.[46] Legt man jedoch eine andere Fiktion zugrunde, gelangt man zu einem anderen Ergebnis. Statt der Eingabe in die Scannerkasse durch T stellt man sich vor, dass T dem Verkäufer den Preis 1,20 € genannt hätte, während er den Playboy in der Hand hält. Wie die Kasse sollte auch der Verkäufer über den Preis des Playboy getäuscht werden. Das hätte den nötigen Täuschungscharakter.[47]

T hat also auch Daten unbefugt verwendet.

Wer dem Verhalten des T in dieser Auslegung eine Täuschungsäquivalenz zuspricht, prüft weiter im Aufbau des § 263 a, für die anderen ist Schluss, da auch für die 4. Variante des § 263 a die Täuschungsäquivalenz fehlt (vgl. OLG Hamm RÜ 2013, 714, 715).

---

43 Fahl NStZ 2014, 244, 245.

44 So etwa NK-Kindhäuser, StGB, 5. Aufl. 2017, § 263 a Rn. 27.

45 BGH RÜ 2015, 788, 789 m.w.N.; Wessels/Hillenkamp/Schuhr BT 2 Rn. 612 ff.

46 OLG Hamm RÜ 2013, 714, 715.

47 So auch Fahl NStZ 2004, 244, 245.

2. T müsste durch die Tathandlung **unmittelbar das Ergebnis eines Datenverarbeitungsvorgangs beeinflusst** und dadurch einen **Vermögensschaden** verursacht haben. Ähnlich wie beim Betrug ist eine „Computerverfügung" erforderlich, d.h. das Ergebnis eines Datenverarbeitungsvorgangs muss sich **unmittelbar vermögensmindernd** auswirken.[48] Das Eingeben des Strichcodes der WAZ führte nur zur Anzeige des Preises von 1,20 €. In dieser Anzeige lag kein verfügungsähnlicher Vorgang, der sich als eine unmittelbare Vermögensverfügung über die mitgenommene Zeitschrift dargestellt hat.[49] Die Mitnahme des Playboy bedurfte einer selbstständigen Handlung des T.

Mangels einer unmittelbaren vermögensmindernden computergestützten „Verfügung" über den Playboy hat sich T nicht wegen Computerbetruges strafbar gemacht.

III. T könnte sich wegen **Diebstahls** nach **§ 242 Abs. 1** strafbar gemacht, indem er den Playboy nach der Manipulation an der Scannerkasse mitnahm.

1. Dann müsste der Playboy als bewegliche Sache **noch im Eigentum** des Supermarktbetreibers gestanden haben. Das Übereignungsangebot gemäß § 929 BGB des Supermarktes bezieht sich allein auf die Ware, deren Code und Preis richtig eingegeben wurden.[50] Allein bei **ordnungsgemäßer Bedienung und Bezahlung** will der Supermarktbetreiber die **Ware übereignen**. Die **Zeitschrift** war für T **fremd**.

2. Der Bruch fremden – des Supermarktbetreibers – Gewahrsams und die Begründung neuen Gewahrsams durch T als **Wegnahme könnte an einem generellen Einverständnis** scheitern. Ein solches kann in dem Aufstellen der Selbstbedienungskassen gesehen werden, die das Verkaufspersonal ersetzen. Ein solches generelles Einverständnis steht jedoch unter der **Bedingung, dass die Kasse äußerlich ordnungsgemäß bedient wird.**[51] T verhielt sich jedoch schon äußerlich nicht ordnungsgemäß, da er einen falschen Strichcode einscannte. Ein Verkäufer wäre eingeschritten, wenn er das Geschehen beobachtet hätte.

Es bedarf keiner Prüfung der Unterschlagung (§ 246), wenn man einen Diebstahl bejaht hat. Wenn auch in der Wegnahme die eindeutige Manifestation des Zueignungswillens als Tathandlung des § 246 liegt, ist die Unterschlagung kraft Gesetzes subsidiär. Ausreichend, wenn auch nicht zwingend erforderlich, ist die kurze Feststellung, dass die zugleich verwirklichte Unterschlagung formell subsidiär zurücktritt. Grob fehlerhaft, weil überflüssig, wäre eine ausführliche Prüfung des § 246.

T hat bereits mit Ergreifen nach dem Kassiervorgang und spätestens mit dem Verlassen des Kassenbereichs eigene Sachherrschaft begründet. Eine Wegnahme durch T liegt vor.

3. T handelte **vorsätzlich** und in der **Absicht rechtswidriger Zueignung**.

4. T handelte **rechtswidrig** und **schuldhaft**.

T hat einen Diebstahl nach § 242 Abs. 1 an dem mitgenommenen Playboy begangen. Strafantrag (§ 248 a) ist gestellt.

IV. Eine **Urkundenfälschung** nach **§ 267 Abs. 1** liegt nicht vor, da weder der verwendete Strichcode der WAZ noch dieser in Verbindung mit dem Playboy eine Urkunde ist. Eine Urkunde ist die Verkörperung einer mensch-

48 BGH NStZ 2013, 586 m.w.N.; OLG Hamm RÜ 2013, 714, 715.
49 Vgl. OLG Hamm RÜ 2013, 714, 715; Wessels/Hillenkamp/Schuhr BT 2 Rn. 606.
50 OLG Hamm RÜ 2013, 714, 716; Jahn JuS 2014, 179, 180.
51 OLG Hamm RÜ 2013, 714, 716; Kudlich JA 2014, 155, 156.

lichen Gedankenerklärung, die zur Beweisführung im Rechtsverkehr bestimmt und geeignet ist und ihren Aussteller erkennen lässt.[52] Der Strichcode als Preisschild allein hat kein Bezugsobjekt und es fehlt für eine mögliche zusammengesetzte Urkunde zwischen Strichcode und Playboy an einer hinreichend festen Verbindung zwischen Gedankenerklärung und Bezugsobjekt.

V. Eine Strafbarkeit nach **§ 265 a** liegt **nicht** vor, weil T durch sein Verhalten keine Leistung eines Automaten erschlichen hat.

Ergebnis: T hat sich wegen Diebstahls (§ 242 Abs. 1) am Playboy strafbar gemacht.

---

52 Ausführlich zum Urkundsbegriff AS-Skript Strafrecht BT 2 (2019), Rn. 562 ff.

Fall 6: Besonders schwerer Diebstahl bei Nutzung des richtigen Schlüssels durch Unbefugten; Gewahrsam von Kassierern
(BGH RÜ 2010, 786; 2018, 375)

A arbeitete als Kassiererin in einer Filiale der Postbank und hatte Geldsorgen. Daher nahm sie eines Tages vormittags heimlich 11.000 € Bargeld aus „ihrer" Kasse an sich. Ihr wurde jedoch klar, dass der Fehlbetrag zum Ende des Arbeitstages auffallen und sie dadurch belastet werden würde, da sie allein die Kasse verwaltete und abends den Kasseninhalt abrechnete und im Banktresor deponierte. In der Mittagspause beschloss A daher, sich noch mehr Geld zu beschaffen, um sich dann ins Ausland abzusetzen. Daher bat sie einen Kollegen darum, sie beim Bedienen eines Kunden am Schalter zu vertreten. Diese Ablenkung nutzte sie aus, um unbeobachtet den in der offenen Kasse am Schalter ihres Kollegen liegenden Schlüssel zum Haupttresor des Kassenbereichs an sich zu nehmen, den sie grundsätzlich nicht benutzen durfte. A öffnete damit den Tresor, entnahm daraus 113.000 € Bargeld und ließ den Schlüssel wie geplant im Tresorschloss stecken. Mit der gesamten Beute verließ sie die Postfiliale und floh. Während des gesamten Tages war auch die Filialleiterin in ihrem Büro anwesend, die ein arbeitsrechtliches Weisungs- und Aufsichtsrecht über A hatte.

Strafbarkeit der A?

A. Vormittags: Die 11.000 € aus der Kasse

I. Durch das Ansichnehmen der 11.000 € aus der Kasse könnte A einen **Diebstahl** gemäß **§ 242 Abs. 1** begangen haben.

1. Die Geldscheine standen im Eigentum der Postbank und waren für A **fremde bewegliche Sachen**.

Ein typisches Klausurproblem stellen die unterschiedlichen Gewahrsamsverhältnisse im Geschäftsleben dar: Alleingewahrsam oder – gestufter – Mitgewahrsam beim Kassierer, Ladenangestellten, Auslieferungsfahrer.

2. Diese Geldscheine müsste A weggenommen haben. **Wegnahme** bedeutet Bruch fremden und gleichzeitige oder spätere Begründung neuen Gewahrsams, wobei unter Gewahrsam die tatsächliche Sachherrschaft zu verstehen ist, die auch – je nach Einzelfall – von mehreren Personen gleichrangig oder nachrangig ausgeübt werden kann. A hatte als Kassiererin zumindest Mitgewahrsam an dem Inhalt „ihrer" Kasse. Eine Wegnahme kommt daher nur in Betracht, wenn **übergeordneter Gewahrsam** einer anderen Person vorlag.

a) Im Zusammenhang mit Kassierern hat der BGH in der Vergangenheit untergeordneten Gewahrsam angenommen, wenn sich die Tätigkeit auf eher technische Abläufe beschränkt und auch Vorgesetzte jederzeit auf den Kasseninhalt zugreifen oder diesen zumindest kontrollieren können.[53] Dann bestehe übergeordneter Gewahrsam des Filialleiters oder Geschäftsinhabers.

b) Etwas anderes gilt aber nach neuerer Rspr., wenn ein Angestellter die Kasse **allein verwaltet und den Inhalt selbständig abzurechnen** hat. Da dann niemand ohne seine Mitwirkung Geld aus der Kasse entnehmen könnte, bestehe Alleingewahrsam des Kassierers. Das generelle Kontroll-

53 Vgl. BGH NStZ 1983, 455.

und Weisungsrecht des Vorgesetzten begründe nicht ohne weiteres übergeordneten Mitgewahrsam.[54] Dem ist zuzustimmen, da anderenfalls die Verantwortlichkeit für den Kasseninhalt nicht hinreichend berücksichtigt wird. Da A eigenverantwortlich „ihre" Kasse führte, bestand daher kein übergeordneter Gewahrsam, den sie brechen musste. Somit hat sie die 11.000 € nicht weggenommen.

A hat sich durch das Ansichnehmen der 11.000 € nicht wegen Diebstahls strafbar gemacht.

II. A könnte sich aber, indem sie die 11.000 € aus der Kasse entnahm, wegen **Untreue** gemäß **§ 266 Abs. 1** StGB strafbar gemacht haben.

1. Der speziellere **Missbrauchstatbestand**[55] nach § 266 Abs. 1 Alt. 1 liegt nicht vor, da A durch das Mitnehmen des Geldes überhaupt keine nach außen wirksame Vermögensverfügung vorgenommen hat.

2. Sie könnte aber den **Treubruchtatbestand** gemäß § 266 Abs. 1 Alt. 2 erfüllt haben. Dafür muss eine durch Gesetz, behördlichen Auftrag, Rechtsgeschäft oder ein sonstiges Treueverhältnis begründete **Vermögensbetreuungspflicht** bestehen, die der Täter dann verletzt.

a) Die Vermögensbetreuungspflicht der A konnte grundsätzlich aus dem Arbeitsvertrag und ihren dadurch begründeten Pflichten folgen. Einschränkend muss die Pflicht zur Wahrnehmung fremder Vermögensinteressen wesentlicher Inhalt des Vertragsverhältnisses sein und es darf sich nicht um eine ganz untergeordnete Tätigkeit handeln. Dabei ist die eigenverantwortliche Entscheidungsmöglichkeit des Verpflichteten von maßgeblicher Bedeutung. Daran fehlt es, wenn die zu erfüllenden Pflichten in allen Einzelheiten vorgegeben sind und eine Dispositionsbefugnis nicht besteht, sondern der Verpflichtete lediglich technische Aufgaben ohne Spielraum für Abweichungen wahrnimmt.[56]

Gegen eine Vermögensbetreuungspflicht könnte sprechen, dass A als Kassiererin im Wesentlichen nach klaren Anweisungen der Kunden tätig wurde, aber nicht etwa selbst entscheiden konnte, wie sie mit dem Kasseninhalt verfahren konnte.[57] Andererseits stellt der BGH insbesondere bei vertrauensvollen Tätigkeiten, die hohe Vermögenswerte betreffen, auch auf das Fehlen von Kontrolle ab, also die tatsächliche Möglichkeit, ohne eine gleichzeitige Steuerung und Überwachung durch den Treugeber auf dessen Vermögen zuzugreifen.[58] Dem ist zuzustimmen: Wenn dem verantwortlichen Kassierer der alleinige Gewahrsam am Kasseninhalt zugewiesen wird, trifft ihn eine besondere Pflicht, das anvertraute Vermögen zu betreuen. Somit hatte A eine Vermögensbetreuungspflicht.

b) Diese Pflicht hat A durch die Entnahme der 11.000 € für eigene Zwecke **verletzt** und dadurch bei der Postbank auch einen **Vermögensnachteil** verursacht.

3. A handelte **vorsätzlich, rechtswidrig** und **schuldhaft**.

---

54 BGH RÜ 2018, 375, 376.

55 Zur Struktur der Untreue weiterführend AS-Skript Strafrecht BT 1 (2018), Rn. 598 ff.

56 Vgl. dazu BGH RÜ 2016, 781, 782.

57 Vgl. MünchKomm/Dierlamm, StGB, 3. Aufl. 2019, § 266 Rn. 59 ff.

58 BGH RÜ 2016, 781, 782; Fischer § 266 Rn. 37.

A hat sich wegen Untreue gemäß § 266 Abs. 1 Alt. 2 strafbar gemacht.

III. Weiterhin hat A durch das Nehmen der 11.000 € aus „ihrer" Kasse eine **veruntreuende Unterschlagung** gemäß **§ 246 Abs. 1, 2** begangen, die jedoch hinter der Untreue zurücktritt.[59]

B. Nachmittags: Das Geld aus dem Tresor

I. Durch die Ansichnahme des Schlüssels könnte A einen **Diebstahl** gemäß **§ 242 Abs. 1** hieran begangen haben.

1. A hatte den Schlüssel, eine fremde, bewegliche Sache, mittels Wegnahme an sich gebracht.

Siehe zu den Fragen der Zueignungsabsicht ausführlicher Fälle 8 und 9.

2. A handelte **vorsätzlich**. Außerdem müsste sie in der Absicht gehandelt haben, sich oder einem Dritten den Schlüssel rechtswidrig zuzueignen. Diese Absicht setzt voraus, dass der Täter mit zumindest bedingtem Vorsatz eine dauerhafte Enteignung des Berechtigten sowie eine – zumindest vorübergehende – Aneignung beabsichtigt hat.

a) Gegen die Annahme einer **Aneignungsabsicht** bestehen keine Bedenken, da der geplante bestimmungsgemäße Gebrauch einer weggenommenen Sache zugleich bedeutet, dass diese der eigenen Verfügungsmacht – und sei es auch nur vorübergehend – einverleibt werden soll.

b) Indes ist zweifelhaft, ob A auch mit **Enteignungsvorsatz** handelte, da sie von Beginn an geplant hatte, den Schlüssel zurückzulassen. Damit war von ihr keine auf Dauer angelegte Enteignung der Sachsubstanz gewollt. Eine dauerhafte Enteignung könnte lediglich erwogen werden, wenn sich durch Nutzung des Schlüssels ein in ihm verkörperter Sachwert verringert hätte. Dies ist abzulehnen: Der Tresorschlüssel verkörpert nicht den funktionsspezifischen Vermögenswert, der sich im Tresor befindet, sondern er schafft nur die faktische Möglichkeit, an den Inhalt des Tresors zu gelangen. Dieser Wert wird durch Nutzung nicht verändert.

Ein Diebstahl am Schlüssel scheidet aus.

II. Durch die Ansichnahme der Geldscheine aus dem Tresor könnte A hieran einen **Diebstahl im besonders schweren Fall** gemäß **§§ 242 Abs. 1, 243 Abs. 1 S. 2** begangen haben.

§ 243 ist kein Tatbestand, sondern wird im Rahmen des § 242 als Strafzumessungsvorschrift nach der Schuld geprüft. Teilweise wird § 243 daher auch nicht im Obersatz nicht erwähnt. Gleichwohl ist eine Nennung nicht falsch.

1. A hat fremde bewegliche Sachen – die Geldscheine – vorsätzlich und mit der Absicht rechtswidriger Zueignung weggenommen; zugleich handelte sie rechtswidrig und schuldhaft.

2. Außerdem könnte ein besonders schwerer Fall nach **§ 243 Ab. 1 S. 2** vorliegen.

a) A könnte mit einem **falschen Schlüssel** in einen **umschlossenen Raum eingedrungen** sein, indem sie das Geld aus dem Tresor nahm, sog. Einbruchdiebstahl gemäß § 243 Abs. 1 S. 2 Nr. 1. In Abgrenzung zu § 243 Abs. 1 S. 2 Nr. 2 – Behältnis – setzt ein umschlossener Raum die Eigenschaft voraus, von Menschen betreten werden zu können.[60] Es handelte sich aber nicht um einen Tresorraum, sondern lediglich um einen Tresor, der nicht dazu diente, von Menschen betreten zu werden. Somit ist Nr. 1 nicht erfüllt.

---

59 Fischer § 246 Rn. 24; Sch/Sch/Perron § 266 Rn. 55.

60 Vgl. Fischer § 243 Rn. 4.

b) A könnte eine Sache gestohlen haben, die durch ein verschlossenes Behältnis gegen Wegnahme besonders gesichert war, **§ 243 Abs. 1 S. 2 Nr. 2**. Ein Tresor dient als Behältnis der Sicherung vor unbefugtem Zugriff. A hat diesen Tresor nicht mit Gewalt aufgebrochen, sondern ihn mit dem dazugehörigen Schlüssel ohne weitere Überwindung der Sicherung aufgeschlossen. Angesichts des Wortlauts des § 243 Abs. 1 S. 2 Nr. 2 und seines Regelungssinns genügt diese Vorgehensweise aber zur Erfüllung des Regelbeispiels. Der Täter muss – sofern er nicht sogar die Sache mitsamt dem Behältnis stiehlt – die Sicherung überwinden, dabei kommt es nicht darauf an, wie er das bewirkt.[61] Allenfalls, wenn der Benutzer zur Verwendung des Schlüssels befugt ist, könnte für ihn die Eigenschaft des Behältnisses als besondere Diebstahlsicherung entfallen.[62] A war jedoch nicht zum Aufschließen befugt, sondern hatte sich den Schlüssel heimlich besorgt.

A hat sich somit wegen Diebstahls im besonders schweren Fall nach §§ 242 Abs. 1, 243 Abs. 1 S. 2 Nr. 2 strafbar gemacht.

III. Eine weitere **Untreue** nach **§ 266 Abs. 1 Alt. 2** durch das Nehmen des Geldes aus dem Tresor liegt nicht vor, da A hinsichtlich des Inhalts des Tresors keine Vermögensbetreuungspflicht hatte.

IV. Eine **Unterschlagung** gemäß **§ 246 Abs. 1** durch Verlassen der Filiale mit dem Geld scheidet als tatbestandslose Zweitzueignung – so der BGH – oder mitbestrafte Verwertungstat aus.[63]

Ergebnis: A hat sich wegen Untreue gemäß § 266 Abs. 1 Alt. 2 und wegen Diebstahls im besonders schweren Fall nach §§ 242, 243 Abs. 1 S. 2 Nr. 2 strafbar gemacht. Angesichts des zeitlichen Abstands lagen zwei Handlungen vor, sodass Handlungsmehrheit, § 53, gegeben ist.

---

61 BGH RÜ 2010, 786, 787 f.

62 BGH RÜ 2010, 786, 788.

63 Vgl. weiterführend zum Meinungsstand AS-Skript Strafrecht BT 1 (2018), Rn. 260 ff.

Fall 7: Die Diebesfalle
(BGH RÜ 2017, 236)

A betrieb einen Campingplatz. Er und seine Stammgäste ärgerten sich sehr darüber, dass regelmäßig in Wohnwagen und Wohnmobile eingebrochen worden war. Um den oder die Täter zu überführen, präparierte A ein besonders hochwertiges Wohnmobil, das er auch gelegentlich selbst mit seiner Familie nutzt, als „Lock-Wohnmobil" und stattete den Innenraum mit kleinen Kameras aus. Er stellte das Wohnmobil an einer schlecht beleuchteten Stelle des Campingplatzes ab, die leicht vom angrenzenden Wald zu erreichen war, und legte offen sichtbar ein hochwertige Kamera auf den Tisch des Wohnbereichs. T sah die Kamera und ließ sich diese günstige Gelegenheit nicht entgehen. Er drückte das Seitenfenster des Wohnmobils auf, wodurch der Rahmen beschädigt wurde (Reparaturkosten: 150 €). Dann kletterte er in das Wohnmobil und steckte in die Kamera in seinen Rucksack. Beim Verlassen des Campingplatzes wurde er von A festgehalten.

Strafbarkeit des T? Strafanträge sind gestellt.

Natürlich könnte auch das Regelbeispiel des § 243 Abs. 1 S. 2 Nr. 1 erfüllt sein. Es hätte für den Schuldspruch neben § 244 aber keine eigenständige Bedeutung, sodass eine vorherige Prüfung nicht sinnvoll ist. In diesen Fällen kann die Qualifikation gleich zu Beginn mitgeprüft werden.

I. T könnte sich wegen **Wohnungseinbruchdiebstahls** gemäß **§§ 242 Abs. 1, 244 Abs. 1 Nr. 3** strafbar gemacht haben, indem er das Seitenfenster aufdrückte, in das Wohnmobil kletterte und dann die Kamera mitnahm.

Die Kamera stand im Eigentum des A und war damit für T fremd. Ein taugliches Tatobjekt liegt vor. Indem T die Kamera an sich nahm und in seinen Rucksack steckte, hat er auch den Gewahrsam des A gebrochen und eigenen Gewahrsam begründet. Dies geschah jedoch mit dem Willen des A, dem es gerade darauf ankam, dass ein Dieb die Kamera mitnehmen würde. Angesichts des Einverständnisses des A in den Gewahrsamswechsel hat T die Kamera daher nicht weggenommen.

Ein vollendeter qualifizierter Diebstahl liegt damit nicht vor.

II. T könnte sich wegen **versuchten Wohnungseinbruchdiebstahls** gemäß **§§ 242, 244 Abs. 1 Nr. 3, Abs. 2, 22, 23 Abs. 1** strafbar gemacht haben, indem er durch das aufgedrückte Seitenfenster in das Wohnmobil kletterte und dann die Kamera mitnahm.

1. Die Tat ist mangels Wegnahme nicht vollendet (s.o.), der Versuch ist nach § 244 Abs. 2 strafbar.

2. T hatte keine Kenntnis vom Einverständnis des A und wollte die Kamera daher wegnehmen. Da er sie für eigene Zwecke verwenden wollte, handelte er auch mit Absicht rechtswidriger Zueignung. Er hatte damit Tatentschluss hinsichtlich des Grundtatbestandes.

Weiterhin müsste sich T die Verwirklichung der qualifizierenden Umstände nach § 244 Abs. 1 Nr. 3 vorgestellt haben. Zunächst wollte er in das Wohnmobil einbrechen und einsteigen, da er sich gewaltsam Zutritt verschaffen und durch das Seitenfenster, also auf einem nicht zum ordnungsgemäßen Betreten bestimmten Weg, in das Wohnmobil gelangen wollte, um die Kamera wegzunehmen. Fraglich ist allerdings, ob T sich vorstellte, in eine **Wohnung i.S.d. § 244 Abs. 1 Nr. 3** einzusteigen bzw. einzubrechen. Unter den Wohnungsbegriff fallen abgeschlossene und überdachte Räume, die Menschen zumindest vorübergehend als Unterkunft dienen und dabei als Mittelpunkt des privaten Lebens Selbstentfaltung und vertrauliche Kommunikation gewährleisten.[64] Ob dies bei Wohnmobilen der Fall ist, ist zweifelhaft.

a) Teilweise wird argumentiert, dass es sich bei Wohnmobilen, die typischerweise nicht zum dauerhaften Wohnen dienen, sondern lediglich für eine kürzere Dauer für Urlaubszwecke genutzt werden, nicht um den Mittelpunkt des privaten Lebens handele. Ein Einbruch in ein nur gelegentlich genutztes Wohnmobil sei daher nicht vergleichbar mit dem Einbruch in dauerhaft genutzte Wohnräume.[65]

b) Nach dem BGH sprechen jedoch die Entstehungsgeschichte und vor allem der Zweck von § 244 Abs. 1 Nr. 3 dafür, ein Wohnmobil jedenfalls dann als Wohnung anzusehen, wenn die Tat zu einem Zeitpunkt erfolgt, zu denen eine tatsächliche Wohnnutzung stattfindet. Die Strafschärfung des Wohnungseinbruchdiebstahls beruhe auf der Erwägung, dass derartige Taten erheblich die Intimsphäre des Opfers beträfen und zu ernsten psychischen Störungen, etwa langwierigen Angstzuständen führen könnten. Es gehe also nicht um den Schutz von Wohnräumlichkeiten an sich, sondern die mit einem Wohnungseinbruch einhergehende Verletzung der Privatsphäre des Tatopfers. Ausreichend sei daher, dass ein Wohnmobil – wenn auch nur vorübergehend – zur Unterkunft von Menschen dienen und dabei eine räumliche Privat- und Intimsphäre vermitteln soll.[66]

Die Auffassung des BGH wird gestützt durch eine systematische Auslegung von § 244 Abs. 1 Nr. 3 und der 2017 neu eingeführten Verbrechensqualifikation des Einbruchs in eine dauerhaft genutzte Privatwohnung. Danach differenziert der Gesetzgeber zwischen Wohnungen i.S.v. § 244 Abs. 1 Nr. 3 und **dauerhaft genutzten Privatwohnungen** nach § 244 Abs. 4. Daraus ergibt sich, dass bei § 244 Abs. 1 Nr. 3 keine dauerhafte Nutzung erforderlich ist, sondern schon eine vorübergehende Nutzung zu Unterkunftszwecken genügt. Da T davon ausging, es handele sich ein „normal" genutztes Wohnmobil auf dem Campingplatz, hatte er demnach den Tatentschluss zum Wohnungseinbruchdiebstahl gefasst.

3. Spätestens durch die Mitnahme der Kamera hat T auch zur Tat unmittelbar angesetzt nach § 22.

4. T handelte auch **rechtswidrig** und **schuldhaft**.

T hat sich somit wegen versuchten Wohnungseinbruchdiebstahls strafbar gemacht.

III. Ein **versuchter schwerer Wohnungseinbruchdiebstahl** nach **§§ 242, 244 Abs. 1 Nr. 3, Abs. 2, 4** liegt dagegen nicht vor, da T nicht davon ausging, dass das Wohnmobil dauerhaft als Wohnunterkunft genutzt worden ist.

Vgl. zur Bezeichnung der Verbrechensqualifikation nach § 244 Abs. 4 als „schwerer Wohnungseinbruchdiebstahl" BGH, Beschl. v. 19.3.2019 – 3 StR 2/19, BeckRS 2019, 7346, Rn. 6.

---

64 Vgl. MünchKomm/Schmitz, StGB, 3. Aufl. 2017, § 244 Rn. 60.
65 So Mitsch NJW 2017, 1188.
66 BGH RÜ 2017, 236; vgl. auch BGH NStZ-RR 2018, 14, 15.

IV. T könnte sich wegen **Sachbeschädigung** gemäß **§ 303 Abs. 1** strafbar gemacht haben, indem er das Seitenfenster des Wohnmobils aufbrach.

1. Das Fenster stand im Eigentum des A und war damit als fremde Sache ein taugliches Tatobjekt. Infolge des Aufbrechens schloss das Fenster nicht mehr, sodass es repariert werden musste. Somit hat T es auch **vorsätzlich beschädigt**.

2. Fraglich ist jedoch, ob T rechtswidrig handelte. In Betracht kommt eine **Rechtfertigung durch Einwilligung** des A, der als Eigentümer damit einverstanden war, dass ein Täter das Wohnmobil aufbricht, damit A diesen anschließend überführen kann. Die objektiven Voraussetzungen einer rechtfertigenden Einwilligen waren damit gegeben. Allerdings wusste T wiederum nichts von dem entsprechenden Willen des A, sodass das subjektive Rechtfertigungselement fehlte. Streitig ist, ob sich das Fehlen des subjektiven Rechtfertigungselements bei gleichzeitig gegebener objektiver Rechtfertigungslage auf die Strafbarkeit auswirkt.

a) Die Rspr. verneinte dies bisher und bejahte auch bei Vorliegen einer objektiven Rechtfertigungslage die Strafbarkeit wegen eines vollendeten Delikts.[67] Da T keine Kenntnis von der Einwilligung durch A hatte, wäre er demnach wegen vollendeter Sachbeschädigung zu bestrafen.

b) Die h.L. meint dagegen, dass es in diesen Fällen wegen der objektiven Rechtfertigungslage am Erfolgsunrecht fehle. [68] Dieser Auffassung hat sich nun auch der BGH angeschlossen und bei einer tatsächlich vorliegenden Einwilligung nur wegen versuchter Sachbeschädigung verurteilt.[69] Dafür spricht insbesondere, dass die Verwirklichung des bloßen Handlungsunrechts eine Vollendungsstrafbarkeit nicht rechtfertigt.

Somit hat T sich nicht wegen vollendeter Sachbeschädigung strafbar gemacht.

Teilweise wird eine separate Versuchsprüfung nach Darstellung des Streits um das fehlende subjektive Rechtfertigungselement für entbehrlich gehalten.[70]

V. Es liegt aber eine **versuchte Sachbeschädigung** nach **§§ 303 Abs. 1, 22, 23 Abs. 1** vor, denn T ging davon aus, ohne eine entsprechende Rechtfertigung eine fremde Sache zu beschädigen, und setzte durch das Aufbrechen auch unmittelbar gemäß § 22 zur Tat an.

Der nach § 303 c erforderliche Strafantrag ist gestellt.

Grob falsch wäre die Prüfung oder gar Bejahung eines versuchten Hausfriedensbruchs!

VI. T hat sich nicht wegen **Hausfriedensbruchs** nach **§ 123 Abs. 1** strafbar gemacht, da A mit dem Betreten des Wohnmobil einverstanden war und T daher – auch wenn er davon nichts wusste – nicht gegen den Willen des Hausrechtsinhabers in das Wohnmobil eingedrungen ist.

Konkurrenzen:

Der versuchte Wohnungseinbruchdiebstahl und die versuchte Sachbeschädigung sind im Rahmen einer **natürlichen Handlungseinheit** begangen worden, sodass Tateinheit vorliegt, wenn die versuchte Sachbeschädigung nicht hinter § 244 Abs. 1 Nr. 3 zurücktritt. Dies wurde in der Vergan-

67 Siehe etwa BGH RÜ 2016, 100.
68 Wessels/Beulke/Satzger, AT, 48. Aufl. 2018, Rn. 417 m.w.N.
69 BGH RÜ 2017, 236, 238; so auch OLG Celle NdsRpfl 2013, 253; OLG Naumburg NStZ 2013, 718, 719.
70 Vgl. zum Prüfungsaufbau Wessels/Beulke/Satzger AT Rn. 419.

genheit insbesondere dann angenommen, wenn die (versuchte) Sachbeschädigung als typisches Begleitdelikt materiell nicht ins Gewicht fällt.[71] Der BGH bejaht nun aber mit einer überzeugenden Begründung **Tateinheit**, da bei einem Wohnungseinbruchdiebstahl nicht typischerweise Sachbeschädigungen begangen werden und zudem häufig unterschiedliche Rechtsgutträger betroffen sind.[72]

Ergebnis: T hat sich wegen versuchten Wohnungseinbruchdiebstahls und wegen versuchter Sachbeschädigung in Tateinheit (§ 52) strafbar gemacht.

71 Vgl. Sch/Sch/Bosch § 243 Rn. 59.
72 BGH RÜ 2019, 174.

Fall 8: Gewahrsamsverhältnisse bei Auslieferungsfahrt und fehlende Zueignungsabsicht bei geplanter Rückführung (BGHSt 19, 387)

A war angestellter Auslieferungsfahrer eines Elektrohandels in Hamburg. Er musste pro Tag ca. 20 Einzelhändler beliefern. Hierfür belud er morgens einen Klein-Lkw der Firma mit den Elektroartikeln und verließ sodann das Geschäftsgelände, um die Auslieferungstouren vorzunehmen. Nach der letzten Fahrt kam er regelmäßig auf das Geschäftsgelände zurück. Der Inhaber (B) des Elektrohandels stellte ihm frei, in welcher Reihenfolge er die Waren an die Kunden auslieferte. Während einer dieser Fahrten veräußerte und übergab A einen Blu-Ray Player im Wert von 120 € an den eingeweihten X. Nachdem seinem Arbeitgeber dies bekannt geworden war, wurde A fristlos gekündigt. A musste die Kfz-Schlüssel sowie einen Overall, der den Schriftzug des Elektrohandels trug und in dessen Eigentum stand, abgeben. Da er „seinen" Overall jedoch kurz zuvor verloren hatte, nahm er einen Overall eines Arbeitskollegen, der ebenfalls im Eigentum des Unternehmens stand, aus dem unverschlossenen Spind des Kollegen an sich und gab diesen als vermeintlich „eigenen" an B zurück. Strafbarkeit des A?

I. A könnte einen **Diebstahl** an dem Blu-Ray Player gemäß **§ 242 Abs. 1** begangen haben, indem er das Gerät dem Fahrzeug entnahm und an X übergab.

1. Das Gerät stellte für A eine **fremde bewegliche Sache** dar.

2. Fraglich ist, ob A den Player durch Weitergabe an den X **weggenommen** hat. Dann müsste er fremden Gewahrsam des Geschäftsinhabers, hier des B, gebrochen haben.

a) Zweifelhaft ist, ob der Geschäftsinhaber überhaupt noch **tatsächliche Sachherrschaft** an den Elektroartikeln hatte oder ob A selbst während seiner Auslieferungsfahrt alleinigen Gewahrsam an diesen Elektroartikeln hatte.

Die tatsächlichen Sachherrschaftsverhältnisse werden unter Berücksichtigung der Anschauung des täglichen Lebens beurteilt. Danach hängt es entscheidend davon ab, ob der ursprüngliche Gewahrsamsinhaber noch eine reale Zugriffsmöglichkeit auf die auszuliefernden Waren hatte. In der Regel wird dieses zu bejahen sein, wenn der Auslieferungsfahrer faktisch jederzeit unter der tatsächlichen Kontrolle des Geschäftsherrn steht (Beispiel: Ständige Standortkontrolle der Geldtransporter durch Funk oder GPS, vollständig gebundene Fahrtroute mit festen Anlaufzielen). Dagegen ist bei Fernfahrern, die sich weit vom Sitz des Arbeitgebers entfernen, eher Alleingewahrsam zu bejahen.[73]

Gewahrsamsverhältnisse bei Fahrer und Spedition[74]

A sollte im Zuge einer Tagestour im Stadtgebiet verschiedene Kunden anfahren, um dort die Waren auszuliefern, die konkrete Tourzusammenstellung blieb ihm jedoch überlassen. Auch wenn B nicht jederzeit unmittelbar Zugriff auf die Elektroartikel während der Auslieferungsfahrt hatte, hätte er

73 Sch/Sch/Bosch § 242 Rn. 33.

74 Siehe dazu auch OLG Hamm NStZ-RR 2014, 209.

jederzeit telefonisch abfragen können, wo sich A befindet und ohne größere zeitliche Verzögerung Zugriff auf ihn und die Ware nehmen können. Daher ist von einer noch bestehenden Sachherrschaft des Elektrounternehmens auszugehen. A übte also nur untergeordneten, nachrangigen Gewahrsam für B als den übergeordneten Gewahrsamsinhaber aus.

b) A brach diesen übergeordneten fremden Gewahrsam, als er gegen den Willen des B den Blu-Ray Player aus dem Fahrzeug an den eingeweihten X weitergab.

3. Er handelte diesbezüglich **vorsätzlich**, in der **Absicht rechtswidriger Zueignung, rechtswidrig** und **schuldhaft**.

A hat sich hinsichtlich des Blu-Ray Players wegen Diebstahls strafbar gemacht.

II. Ein **Betrug** gemäß **§ 263 Abs. 1** zulasten des X scheidet aus, da dieser eingeweiht war. Daher hat A den X nicht getäuscht.

III. A könnte einen weiteren **Diebstahl** gemäß **§ 242 Abs. 1** begangen haben, als er seinem Arbeitskollegen den Overall entwendete.

1. Der Overall stellte für A eine **fremde bewegliche Sache** dar.

2. Diesen nahm er seinem Arbeitskollegen weg, als er dessen alleinigen Gewahrsam brach und neue Sachherrschaft am Overall ausübte.

Eine tatsächliche Sachherrschaft übte der Arbeitskollege allein aus, nicht etwa der Arbeitgeber!

3. A handelte auch **vorsätzlich**. Zweifelhaft könnte sein, ob er insoweit in der **Absicht rechtswidriger Zueignung** gehandelt hat.

Hierunter ist die Vorstellung zu verstehen, sich eine **eigentümerähnliche Verfügungsmacht** über die weggenommene Sache zu **verschaffen** („se ut dominum gerere"). Der dies anstrebende Täter muss den Willen haben, den wahren Eigentümer auf Dauer von der Sache auszuschließen (Enteignung) und sich selbst oder einen Dritten – sei es auch nur vorübergehend – an dessen Stelle zu setzen (Aneignung).

„se ut dominum gerere" = sich als Eigentümer aufführen

Hier ist jedoch zu berücksichtigen, dass A bei Rückgabe des zuvor weggenommenen Overalls das fremde Eigentum seines Arbeitgebers nicht infrage stellte, sondern es vielmehr anerkannte. Sein Handeln war nicht darauf gerichtet, dem Eigentümer dessen Eigentum vorzuenthalten, sondern einem Herausgabe- bzw. Schadensersatzanspruch zu entgehen. A „spielte" nicht Eigentümer, sondern gab lediglich vor, Gebrauchsberechtigter zu sein.[75] Es fehlt jedenfalls am Enteignungswillen, da A es gerade darum ging, dass der Overall an den Eigentümer gelang.

Anderes gilt bei „Rückverkauf" unter Leugnung des Eigentums (Beispiel: Umtauschkasse).

A hat keinen Diebstahl an dem Overall des Arbeitskollegen begangen.

IV. A könnte einen **Betrug** gemäß **§ 263 Abs. 1** begangen haben, indem er den Overall seines Arbeitskollegen als das vermeintlich ihm überlassene Bekleidungsstück zurückgab.

1. A **täuschte** über Tatsachen, als er sich als berechtigter Besitzer dieses Overalls ausgab, und er erregte bei B einen entsprechenden **Irrtum**, woraufhin dieser es im Sinne einer **Vermögensverfügung** unterließ, den tatsächlich dem A überlassenen Overall zurückzufordern bzw. Ersatz zu ver-

A maßt sich kein Eigentumsrecht an. Daher liegt auch kein § 246 vor.

75 Vgl. BGHSt 19, 387, 388.

langen. Insoweit entstand dem Arbeitgeber auch ein **Vermögensschaden**, da mit Rückgabe des „falschen" Overalls der Anspruch auf Herausgabe des „richtigen" Overalls keineswegs erlosch.

2. Vorsatz, die Absicht rechtswidriger Bereicherung, **Rechtswidrigkeit** und **Schuld** liegen vor.

A hat sich wegen Betruges strafbar gemacht.

Konkurrenzen und Ergebnis: A hat sich wegen Diebstahls in Tatmehrheit mit Betrug strafbar gemacht gemäß §§ 242 Abs. 1, 263 Abs. 1, 53.

Fall 9: Gebrauchsentwendung einer EC-Karte
(BGHSt 35, 152)

Die A brachte aus dem Schreibtisch im Arbeitszimmer ihres Bruders eine durch Magnetstreifen kodierte EC-Karte an sich. Diese ermöglicht dem Benutzer, von einem Geldautomaten bei Eingabe der dem Kontoinhaber persönlich zugeteilten Geheimnummer im Rahmen eines bestimmten Volumens Beträge bis zu 200 € abzuheben. Die A hob unter Verwendung dieser Karte und der Geheimnummer einmal einen Geldbetrag in Höhe von 150 € ab und behielt das Geld für sich. Sodann legte sie in einem unbeobachteten Augenblick die EC-Karte in den Schreibtisch ihres Bruders zurück.
Strafbarkeit der A? §§ 274, 303 a, 202 a sind nicht zu prüfen.

I. Die A könnte einen **Diebstahl** gemäß **§ 242 Abs. 1** durch Herausnehmen der EC-Karte aus dem Schreibtisch begangen haben.

1. Die EC-Karte stellte für A eine **fremde bewegliche Sache** dar, die sie durch Herausnahme aus dem Schreibtisch unter den Voraussetzungen eines Gewahrsamsbruchs und neuer Gewahrsamsbegründung wegnahm.

2. Fraglich könnte allerdings sein, ob die A, die **vorsätzlich** handelte, auch die **Absicht** hatte, sich diese EC-Karte (**rechtswidrig) zuzueignen**.

Dann müsste sie mit zumindest bedingtem Vorsatz eine Enteignung der Karte in Aussicht genommen und zugleich die Absicht gehabt haben, sich (oder einem Dritten) diese Sache – gemeint: Karte – anzueignen.

Aneignungswille im Sinne dolus directus 1. Grades

a) A handelte zielgerichtet in der Vorstellung, sich diese Karte anzueignen. Sie nahm diese aus dem Schreibtisch in der Vorstellung, die Karte funktionsgerecht an einem Geldautomaten einzusetzen. Ein derartiger Gebrauch ist typischerweise nur dem Eigentümer vorbehalten, dessen Rechtsstellung sie sich durch Nutzen der Karte anmaßen wollte.

Enteignungsvorsatz im Sinne dolus eventualis reicht!

b) Fraglich bleibt aber, ob dieses Anmaßen einer eigentümerähnlichen Stellung zugleich mit dem Willen einer auf Dauer vorgestellten Enteignung des Eigentümers einherging. Immerhin wollte A die EC-Karte nach deren Gebrauch dem Bruder als Eigentümer zurückgeben.[76]

Substanztheorie

Stellt man allein auf die **körperliche Sachsubstanz** (gegenständlich beschränkt auf die EC-Karte) ab, ist angesichts der geplanten Rückführung der Karte eine dauerhafte Enteignung nicht das Ziel der A gewesen, einen Diebstahl an der Karte mithin abzulehnen.

Sachwerttheorie

Demgegenüber könnte auf einen möglicherweise **in der weggenommenen Sache verkörperten Sachwert** abzustellen sein: Dann ließe sich eine vorgestellte Enteignung bejahen, wenn der Täter durch zeitweiligen Gebrauch des Gegenstandes einen insoweit in der Sache verkörperten Sachwert dem Eigentümer dauerhaft zukünftig vorenthalten wollte. Nach dieser Ansicht ist eine Enteignung ebenfalls abzulehnen, da sich der (Sach-) Wert einer EC-Karte durch deren Gebrauch nicht verringert.

Vereinigungstheorie

Die überwiegende Ansicht[77] vereinigt beide Ansätze miteinander (sogenannte **Vereinigungstheorie**), lehnt aber unter Berücksichtigung dieser beiden Maßstäbe eine in Aussicht genommene Enteignung durch den Tä-

76 Weiterführend zum Gegenstand der Zueignung AS-Skript Strafrecht BT 1 (2018), Rn. 95 ff.
77 Vgl. Fischer § 242 Rn. 35 ff. m.w.N.

ter jedenfalls dann ab, wenn die weggenommene EC-Karte dem Berechtigten nach Gebrauch wieder zur Verfügung gestellt werden soll. Die strafrechtliche Beurteilung der Wegnahme einer kodierten Scheckkarte richtet sich im Wesentlichen nach den gleichen Kriterien, die für die Wegnahme eines Schlüssels gelten, wenn der Täter damit ein Behältnis öffnen und den Inhalt entwenden will.[78]

Genau auf den SV achten: was will der Täter nach Gebrauch der Karte: Wegwerfen? Rückgabe?

Ein Diebstahl der EC-Karte wird nur in den Fällen anzunehmen sein, wenn der Täter den Berechtigten endgültig, also auch nach der unbefugten Benutzung, von der Verfügung über die Karte – z.B. durch Wegwerfen oder Behalten – ausschließen will.

EC-Karte / Sparbuch

Eine EC-Karte lässt sich auch nicht mit einem Sparbuch vergleichen. Während ein Sparbuch als Beweisurkunde für die darin verbriefte Forderung und als entsprechendes Legitimationspapier für den jeweiligen Inhaber gilt, verkörpert die EC-Karte als solche funktionsspezifisch keine bestimmte Geldforderung des Karteninhabers gegen das kontoführende Bankinstitut. Sie ist funktionsspezifisch als „Schlüssel zum Konto" ein möglicher Weg, Kontoverfügungen zu treffen, ohne dass sich hieraus ein entsprechender Sachwert ermessen ließe – z.B. Kontostand befindet sich im Dispositionskredit.[79]

Beachte: „Kann" meint „muss"!

Da alle Überlegungen vorliegend zum selben Ergebnis gelangen, kann eine Entscheidung unterbleiben.

Daher hat A lediglich eine **straflose Gebrauchsanmaßung (furtum usus)** an der EC-Karte begangen, als sie diese aus dem Schreibtisch herausnahm.

A ist nicht strafbar gemäß § 242 Abs. 1.

Das konkrete Anknüpfungsverhalten genau benennen.

II. A könnte einen **Computerbetrug** gemäß **§ 263 a Abs. 1 Mod. 3** begangen haben, als sie am Geldautomaten die persönliche Identitätsnummer (PIN) ihres Bruders eingab.

1. Dann müsste die Eingabe der persönlichen Geheimnummer zugleich eine **unbefugte Verwendung von Daten** darstellen.

Nicht den Datenbegriff aus § 202 a Abs. 2 verwenden.

a) Die von A in den Geldautomaten eingegebenen Informationen in Form der persönlichen Geheimnummer waren Daten, da sie Gegenstand eines Datenverarbeitungsvorgangs sein konnten. Durch Eingabe hat A diese Daten auch verwendet.

Vgl. dazu ausführlich Fall 22.

b) Fraglich ist, ob die A die Daten „unbefugt" verwendet hatte. Die Auslegung dieses Merkmals ist umstritten, allerdings besteht Einigkeit in der Annahme dieser Voraussetzung, wenn die Abhebung an einem Geldautomaten durch einen Nichtberechtigten erfolgt, der eine gefälschte, manipulierte oder mittels verbotener Eigenmacht erlangte Karte verwendet.[80] In einem solchen Fall ist das Handeln betrugsäquivalent.

In diesem Sinne war die A nicht berechtigt, da sie die EC-Karte zuvor durch Wegnahme erlangt hatte.

Die Bank hat zunächst den Schaden!

2. Dieses Verhalten der A führte zudem zur Beeinflussung eines Datenverarbeitungsvorgangs dergestalt, dass nach Eingabe der persönlichen Geheimnummer eine Barauszahlung veranlasst wurde. Infolge dieses Datenverarbeitungsvorgangs und der erfolgten Bargeldauszahlung erlitt die

78 BGHSt 35, 152, 156.

79 BGHSt 35, 152, 156 ff.

80 Vgl. BGH NStZ 2005, 213; RÜ 2015, 788 f.

kontoführende Bank überdies einen **Vermögensschaden** i.H.d. ausgezahlten Betrages.

3. Die A handelte **vorsätzlich** und in der Absicht, sich zu Unrecht zu bereichern. **Rechtfertigungsgründe** und **Schuldausschließungsgründe** liegen nicht vor.

Durch Eingabe der persönlichen Geheimnummer hat sich A wegen Computerbetrugs strafbar gemacht.

Andere Normen (§§ 274, 303 a) scheiden aus!

III. Des Weiteren könnte die A einen **Diebstahl** gemäß **§ 242 Abs. 1** durch Herausnahme der Geldscheine begangen haben.

Beachte: Anderes Anknüpfungsverhalten

1. Dann müssten die Geldscheine als **bewegliche Sachen** zum Zeitpunkt des Herausnehmens **fremd** gewesen sein.

Es könnte erwogen werden, dass – ähnlich wie in den Fällen des Tankens ohne zu bezahlen – durch Herausgabe der Geldscheine seitens des Geldautomaten und zeitgleicher Herausnahme dieser Geldscheine durch A eine **Übereignung** gemäß **§ 929 S. 1 BGB** erfolgt ist.

Indes ist vorliegend zu berücksichtigen, dass die kontoführende Bank nur den Willen hat, rechtsgeschäftliche Übereignungen an ihre jeweiligen Vertragspartner aus den Giroverträgen zu vollziehen. Mithin enthält die Preisgabe der Geldscheine durch den Geldautomaten nur das Angebot an den jeweiligen Vertragspartner, diesem diese Geldscheine zu übereignen.[81]

Zivilrechtlicher Bezug des Merkmals „fremd“

Dieses Angebot nahm die A nicht an. Zum einen gab sie keinerlei (Vertreter-)Erklärungen für ihren Bruder als Vertragspartner ab, zum anderen fehlte ihr die Vertretungsmacht. Infolgedessen hat eine Übereignung der Geldscheine zum Zeitpunkt der Preisgabe an A nicht stattgefunden, vielmehr ist die ausführende Bank Eigentümerin der Geldscheine geblieben.

2. Fraglich ist, ob A durch Herausnahme der Geldscheine diese **weggenommen**, also fremden Gewahrsam gebrochen und neuen begründet hat.

Tatsächlicher Bezug des Merkmals „Wegnahme“!

Das Erfordernis der Sachherrschaftsbegründung durch sie ist gegeben, allerdings ist die Annahme eines Gewahrsamsbruches zweifelhaft, da der Geldautomat ohne weitere äußerliche Manipulationen gleichsam „freiwillig“ die Geldscheine herausgab.

Nach heute überwiegender Ansicht[82] wird von einem **tatbestandsausschließenden Einverständnis seitens der Bank** ausgegangen, wenn der den Auszahlungsvorgang auslösende Täter sich unter Nutzung der richtigen Geheimnummer das Geld verschafft. Die reale Willensbildung der Bank geht dahin, jedes Mal bei Eingabe der richtigen Geheimnummer in Verbindung mit den übrigen Kontodaten die tatsächliche Sachherrschaft an den Geldscheinen aufzugeben.

A.A. jüngst BGH, Beschl. v. 21.03.2019 – 3 StR 333/18, BeckRS 2019,17416.

Mangels Gewahrsamsbruches scheidet die Begehung eines Diebstahls aus.

IV. Soweit das Verhalten der A durch Herausnehmen der Geldscheine den Tatbestand einer **Unterschlagung** gemäß **§ 246 Abs. 1** erfüllt, tritt diese als formell subsidiär hinter dem Computerbetrug zurück.

Ergebnis: A hat sich wegen Computerbetrugs strafbar gemacht.

---

81 Vgl. BGH RÜ 2018, 102; BayOLG NJW 1987, 663 f.

82 BGH RÜ 2018, 108; Fischer § 242 Rn. 26 m.w.N.

Fall 10: Der Begriff des gefährlichen Werkzeugs in § 244 Abs. 1 Nr. 1 a
(BGH RÜ 2008, 577)

R begab sich in einen Lebensmittelmarkt, um sich dort günstig mit Alkohol für den Eigenkonsum einzudecken. An seinem Gürtel hatte er ein klappbares Taschenmesser mit einer Klingenlänge von gut 6 cm dabei, um von Whiskeyflaschen, die er stehlen wollte, die Sicherungsetiketten abzuschneiden, da diese bei Nichtbezahlen am Ladenausgang Alarm auslösen würden. R nahm drei Flaschen Whiskey aus einem Regal, ging einen Gang weiter, entfernte dort mit dem Messer die Sicherungsetiketten und verließ das Geschäft, ohne zu bezahlen. Das Amtsgericht ist der Einlassung des R gefolgt, er habe das Messer keinesfalls gegen Menschen einsetzen wollen.

Wie hat sich R strafbar gemacht? § 123 ist nicht zu prüfen.

Es wäre auch zulässig, § 242 und § 244 sogleich zusammen in einem Tatbestand zu prüfen.

So der verkürzte Gutachtenstil!

I. R könnte sich wegen **Diebstahls** gemäß **§ 242** strafbar gemacht haben, indem er drei Flaschen Whiskey aus dem Laden entwendete.

Frühestens mit Ergreifen der Flaschen, spätestens mit Verlassen des Supermarktes hat R die Sachherrschaft des Ladeninhabers gebrochen und eigene Sachherrschaft an den im Eigentum des Marktes stehenden Gegenständen gebrochen. Die drei Tatobjekte bilden in diesem einheitlichen Geschehen als natürliche Handlungseinheit einen einheitlichen Diebstahl.[83] Bezogen auf die **Wegnahme fremder beweglicher Sachen** handelte R mit Vorsatz. Durch den geplanten Konsum des Schnapses wollte R den ursprünglichen Eigentümer dauerhaft aus dessen Eigentumsstellung an der Sache verdrängen und sich die Sache in ihrer Substanz durch bestimmungsgemäßen Gebrauch dem eigenen Vermögen einverleiben, ohne auf die Sache einen Anspruch zu haben. R handelte somit in der **Absicht rechtswidriger Zueignung.** R handelte **rechtswidrig** und **schuldhaft**.

R hat sich wegen Diebstahls an drei Flaschen Whiskey strafbar gemacht.

II. Möglicherweise hat R durch das Beisichführen des Taschenmessers während des Diebstahls den **Qualifikationstatbestand** des **§ 244 Abs. 1 Nr. 1 a** erfüllt.

1. Das von R mitgeführte alltägliche Taschenmesser war **keine Waffe**, da das Messer nach seiner bestimmungsgemäßen Art nicht für Angriffs- und Verteidigungszwecke gegen Menschen bestimmt und zur Verursachung erheblicher Verletzungen von Menschen nicht generell geeignet war.

2. Das von R mitgeführte Taschenmesser könnte jedoch ein **gefährliches Werkzeug** i.S.d. § 244 Abs. 1 Nr. 1 a gewesen sein. Fraglich ist, welcher Maßstab dafür gilt.

a) Einigkeit besteht darüber, dass der Maßstab aus § 224 Abs. 1 Nr. 2 für § 244 nicht gelten kann.[84] Während es bei der gefährlichen Körperverletzung vor allem auf die konkrete Verwendung ankommt, ob der Gegen-

---

83 Vgl. BGH RÜ 2019, 301.

84 BGH NStZ 1999, 301, 302; Fischer § 244 Rn. 15 m.w.N.; vgl. auch BGH RÜ 2008, 577, 578.

stand geeignet ist, erhebliche Verletzungen hervorzurufen, genügt beim qualifizierten Diebstahl schon das Beisichführen des gefährlichen Werkzeugs.

aa) Zum einen findet sich für die Bestimmung des gefährlichen Werkzeugs in § 244 Abs. 1 Nr. 1 a ein objektiver Maßstab. Diese **objektive Sichtweise** wird in verschiedenen Varianten vertreten.[85] So wird teilweise darauf abgestellt, ob das Werkzeug potentiell zu Verletzungszwecken eingesetzt werden kann oder ob der Gegenstand generell zur Herbeiführung erheblicher Verletzungen geeignet ist. Andere fragen danach, ob in der konkreten Tatsituation eine andere Verwendung als der Einsatz zu Verletzungszwecken denkbar ist. Deliktstypische Gegenstände wie Einbruchswerkzeuge würden nach dieser Sichtweise nicht unter den Normzweck der abstrakten Gefährlichkeit fallen. Generell geht es um die Suche nach einem objektiven Maßstab, um einem regelmäßig zweckentfremdeten Gegenstand eine **Waffenersatzfunktion** zuzusprechen. Der BGH sieht bei einem Taschenmesser mit einer längeren Klinge die latente Gefahr einer körperlichen Verletzung.[86] Demnach ist das klappbare Taschenmesser des R ein gefährliches Werkzeug i.S.v. § 244 Abs. 1 Nr. 1 a.

bb) Zum anderen findet sich eine **subjektive Sichtweise**. Im Wege der teleologischen Reduktion werden nur solche mitgeführten Gegenstände als gefährlich angesehen, wenn zu ihrer allgemeinen Eignung, erhebliche Körperverletzungen zu bewirken, hinzutritt, dass diese Wirkung bei Umsetzung des inneren Verwendungsvorbehaltes auch eintreten soll.[87] Der Täter müsse das Bewusstsein haben, den Gegenstand notfalls als gefährliches Werkzeug einsetzen zu können. Bei R fehlt ein solcher Verwendungsvorbehalt jedoch, da er mit dem Taschenmesser lediglich die Sicherungsetiketten abtrennen, es jedoch nicht gegen Menschen einsetzen wollte.

cc) Gegen die subjektive Sichtweise lässt sich vor allem die Gesetzessystematik anführen. Einen Verwendungsvorbehalt erwähnt § 244 Abs. 1 Nr. 1 b. Daher ist es verfehlt, einen solchen in die objektiv gefasste Nr. 1 a hineinzulesen.[88] Zwar ist richtig, dass der abstrakt-objektive Ansatz die Gefahr einer unübersichtlichen Kasuistik begründet, jedoch lässt sich jedenfalls für Messer im Grundsatz eine abstrakte Gefährlichkeit begründen. Es liegt auf der Hand, dass Messer, auch klappbare Taschenmesser, aufgrund ihrer Beschaffenheit dazu geeignet sind, durch Stiche oder Schnitte erhebliche Verletzungen beizubringen. Etwas anderes gilt nur bei einer sehr geringen Klingenlänge, jedoch nicht mehr bei einer Länge von gut 6 cm.[89] Somit war das Messer des R ein gefährliches Werkzeug.

Diese Rechtsfrage ist ein echter „Prüfungsklassiker". Es ist denkbar, die vertretenen Meinungen noch weiter zu differenzieren, jedoch ist für eine Klausurlösung eine Orientierung an der Bestimmung nach objektiven oder nach subjektiven Gesichtspunkten zu empfehlen. Im Ergebnis kann in der Klausur die Qualifikation auch gut vertretbar abgelehnt werden.

b) R müsste das Taschenmesser auch vorsätzlich **bei sich geführt** haben. Dazu muss der Täter das gefährliche Werkzeug bewusst gebrauchsbereit bei sich haben. Ausreichend, aber auch erforderlich ist insoweit das allgemeine, noch auf keinen bestimmten Zweck gerichtete, während der Tatbegehung aktuelle Bewusstsein, ein funktionsbereites Werkzeug zur Verfü-

85 Vgl. Fischer § 244 Rn. 21.
86 BGH RÜ 2008, 577; ebenso OLG Köln NStZ 2012, 327.
87 Rengier BT I § 4 Rn. 38 ff.; Rönnau JuS 2012, 117.
88 BGH RÜ 2008, 577.
89 OLG Köln NStZ 2012, 327.

gung zu haben, welches geeignet ist, erhebliche Verletzungen zu verursachen.[90] Die Rspr. hat teilweise versucht, durch eine restriktive Auslegung des Vorsatzes des Beisichführens den weiten Anwendungsbereich des abstrakt-objektiven Verständnisses der Gefährlichkeit einzuschränken. So soll erforderlich sein, dass nach den Gesamtumständen der Einsatz des Gegenstandes zu Verletzungszwecken droht.[91] Dagegen spricht jedoch, dass dies zu einer Einführung des Verwendungsvorbehalts „durch die Hintertür" führen würde, auch wenn im Einzelfall – gerade bei Alltagsgegenständen – der Vorsatz des Beisichführens fehlen kann, wenn der Täter überhaupt keine Vorstellung darüber hat, dass er einen gefährlichen Gegenstand bei sich hat.[92] R wusste jedoch, dass er das Taschenmesser dabei hatte, da er es zur Ausführung des Diebstahls nutzen wollte.

Somit hat es sich wegen qualifizierten Diebstahls gemäß §§ 242 Abs. 1, 244 Abs. 1 Nr. 1 a strafbar gemacht.

III. R könnte sich wegen **Diebstahls im besonders schweren Fall** gemäß **§§ 242 Abs. 1, 243 Abs. 1 S. 2 Nr. 2** strafbar gemacht haben.

Etwas anderes kann bei sog. Sicherungsspinnen gelten, die – je nach Einzellfall – auch die Wegnahme verhindern.[93]

Dazu müssten die Sicherungsetiketten eine Schutzvorrichtung gegen Wegnahme gemäß § 243 Abs. 1 Nr. 2 gewesen sein. **Sicherungsetiketten** dienen aber nicht dem Schutz gegen einen Gewahrsamsbruch, sondern sie bezwecken die Wiedererlangung des bereits an den Täter verlorengegangenen Gewahrsams.[94] Daher ist das Regelbeispiel nicht erfüllt.

Die Sicherungsetiketten enthalten keine menschliche Gedankenerklärung, sodass sie – anders als ein Preisschild – keine zusammengesetzte Urkunde mit der Ware bilden.

IV. R hat sich wegen **Sachbeschädigung nach § 303 Abs. 1** strafbar gemacht, indem er die Verbindung zwischen den Flaschen und den Sicherungsetiketten vorsätzlich, rechtswidrig und schuldhaft zerstört hat. Für die Strafverfolgung ist nach § 303 c ein Strafantrag erforderlich, wenn nicht die Staatsanwaltschaft das besondere öffentliche Interesse an der Strafverfolgung bejaht.

Ergebnis: R hat sich wegen qualifizierten Diebstahls und Sachbeschädigung in Tateinheit strafbar gemacht (§§ 242 Abs. 1, 244 Abs. 1 Nr. 1 a, 303 Abs. 1, 52 Abs. 1).

---

90 KG StV 2016, 651.
91 Vgl. sehr weitgehend OLG Stuttgart NJW 2009, 2756 ff.
92 Vgl. BGH NStZ-RR 2003, 12, 13.
93 Vgl. BGH RÜ 2018, 715.
94 BGH RÜ 2018, 715; OLG Dresden NStZ-RR 2015, 211.

Fall 11: Bandendiebstahl
(BGH RÜ 2001, 412)

A, B und C kamen überein, in Zukunft gemeinsam gebrauchte Fahrzeuge durch einen Trick an sich zu bringen, um sie weiterzuverkaufen. In Ausübung ihres Vorhabens suchten A und B mehrere Autohäuser auf. Sie nahmen im Freien abgestellte Fahrzeuge in Augenschein und täuschten Kaufinteresse vor. Entsprechend ihres Tatplans lenkte einer von beiden das Verkaufspersonal ab, während der andere einen Abdruck des Original-Schlüssels erstellte. Am jeweils folgenden Wochenende brachte C nachts die Fahrzeuge unter Verwendung eines nach der Kopie ausgefertigten Nachschlüssels an sich. So geschah es auch im Juli 2019, allerdings dieses Mal ohne weitere Beteiligung des C, bei dem Autohaus des O. Der in das gesamte Vorgeschehen eingeweihte X brachte an diesem Wochenende nachts mit einem Nachschlüssel einen hochwertigen Pkw an sich, indem er zunächst das Auto aufschloss und sodann die mechanische Lenkradsperre mit dem Schlüssel überwand. Dann fuhr er mit dem Auto zu den zehn km entfernt wartenden A und B und übergab ihnen das Auto. Für diese einmalige Tätigkeit erhielt er von A und B einen Lohn in Höhe von 500 €. C ist untergetaucht.

Strafbarkeit der Beteiligten hinsichtlich der Tat im Juli 2019? §§ 123, 248 b sind nicht zu prüfen.

A. Strafbarkeit von X als Täter

Es ist zunächst die Strafbarkeit des X zu prüfen, da dieser durch eine eigene Handlung das Kfz entwendete. Dies hat zwar den kleinen Nachteil, dass nach den übrigen Beteiligten noch mal auf X verwiesen werden muss. Der Vorteil liegt aber daran, dass die Strafbarkeit der anderen kaum sinnvoll geprüft werden kann, bevor nicht die Wegnahme durch den Tatnächsten geprüft ist.

I. X könnte sich wegen **Diebstahls im besonders schweren Fall** gemäß **§§ 242 Abs. 1, 243 Abs. 1 S. 2 Nr. 1, 2** strafbar gemacht haben, als er am Wochenende das Auto unter Verwendung des Nachschlüssels entwendete.

1. Das Auto steht im Eigentum des O und ist damit eine **fremde bewegliche Sache**.

2. Das Auto befand sich auf dem Außengelände des Autohauses O und damit innerhalb einer generell beherrschten fremden Gewahrsamssphäre. Der Umstand, dass weder O noch seine Mitarbeiter am Wochenende vor Ort waren, hindert die Annahme fortbestehenden Gewahrsams des O nicht. Diesen Gewahrsam hat X durch das Wegfahren des Autos gegen den Willen des O aufgehoben und eine eigene Beherrschungsmöglichkeit begründet. Damit hat er das Auto **weggenommen**.

3. X handelte auch **vorsätzlich** und es ging ihm in dem Wissen, dass O das Auto nicht zurückerlangen sollte, auch gerade darum, vorübergehend das Fahrzeug wie ein Eigentümer zu nutzen. Er hatte damit auch die **Absicht rechtswidriger Zueignung**.

4. X handelte **rechtswidrig** und **schuldhaft**.

5. Es könnte auch ein **besonders schwerer Fall des Diebstahls** vorliegen.

a) Das Auto könnte ein **umschlossener Raum** i.S.v. § 243 Abs. 1 S. 2 Nr. 1 gewesen sein, in den X mit einem falschen Schlüssel eingedrungen ist. Ein umschlossener Raum ist ein Raumgebilde, das mit künstlichen Vorrichtungen umgeben ist, die Unbefugte abhalten sollen, und dem Betreten von

Menschen dient,[95] sodass auch – wie hier – der Innenraum eines PKW erfasst ist.[96] Ein Schlüssel ist falsch, wenn er zur Tatzeit vom Berechtigten nicht zur Nutzung bestimmt ist.[97] Da X einen heimlich hergestellten Nachschlüssel verwendete, ist er somit wissentlich zur Ausführung des Diebstahls in einen umschlossenen Raum eingedrungen.

b) Eine mechanische Lenkradsperre, die das Steuern eines Fahrzeuges ohne das Einführen des Schlüssels verhindert, ist eine Vorrichtung i.S.v. **§ 243 Abs. 1 S. 2 Nr. 2**, die das Fahrzeug gegen Wegnahme besonders sichert.[98] Diese Sicherung hat X mit dem Nachschlüssel überwunden und damit auch § 243 Abs. 1 S. 2 Nr. 2 erfüllt.

X hat sich somit wegen Diebstahls im besonders schweren Fall strafbar gemacht.

II. Eine Strafbarkeit des X aus **§§ 244 a, 25 Abs. 2** wegen eines **gemeinschaftlichen Bandendiebstahls** scheidet aus, da X nur einmalig A und B half und daher nicht Mitglied der Bande war.

B. Strafbarkeit von A und B

A und B sind zusammen zu prüfen, da sie völlig gleichgerichtet handelten.

A und B könnten sich wegen **schweren Bandendiebstahls in Mittäterschaft** gemäß **§§ 242 Abs. 1, 244 a Abs. 1, 25 Abs. 2** strafbar gemacht haben, indem sie den Nachschlüssel besorgten, damit X im Anschluss das Auto für sie entwenden konnte.

I. Das Auto war auch für A und B eine **fremde bewegliche Sache**

II. A und B haben nicht selbst das Auto vom Außengelände des Autohauses weggenommen. Jedoch würde ihnen die Wegnahme durch den X gemäß **§ 25 Abs. 2 zugerechnet** werden, wenn sie gemeinem mit X als **Mittäter** handelten. Dies setzt voraus, dass A, B und X auf der Grundlage eines gemeinschaftlichen Tatentschlusses den Diebstahl gemeinschaftlich ausgeführt haben. Ein gemeinschaftlicher Tatplan zwischen den handelnden Personen lag vor. Fraglich könnte allerdings sein, ob A und B an der Tatausführung gemeinschaftlich beteiligt waren, da sie am Wochenende bei der unmittelbaren Ausführungshandlung nicht anwesend waren und ihre Tatbeiträge in der Vorbereitungs- bzw. Nachtat erbrachten.

Zu den Anforderungen an einen Tatbeitrag, der eine mittäterschaftliche Zurechnung gestattet, werden unterschiedliche Ansichten vertreten.[99]

1. Nach st.Rspr. ist Mittäter, wer nicht nur fremdes Tun fördert, sondern einen eigenen Tatbeitrag derart in eine gemeinschaftliche Tat einfügt, dass sein Beitrag als Teil der Tätigkeit des anderen und umgekehrt dessen Tun als Ergänzung seines eigenen Tatanteils erscheint. Wesentliche Anhaltspunkte dafür können der **Grad des eigenen Interesses am Taterfolg**, der **Umfang der Tatbeteiligung und die Tatherrschaft oder wenigstens der Wille zur Tatherrschaft sein**, sodass Durchführung und Ausgang der Tat maßgeblich von seinem Willen abhängen.[100] A und B hatten nicht nur

95 BGHSt 1, 158, 164.
96 Rengier BT I § 3 Rn. 10.
97 Fischer § 243 Rn. 8.
98 Vgl. Rengier BT I § 3 Rn. 24.
99 Vgl. ausführlich AS-Skript AT 2 (2019), Rn. 39.
100 BGH NStZ-RR 2017, 5, 6 m.w.N.; RÜ 2018, 369, 370.

ein überragendes Interesse an der Tatbeute, sondern auch die Tatbegehung organisiert, sodass sie mittäterschaftlich mit X handelten.

2. In der Lit. wird meist eine Zurechnung fremder Tatbeiträge nur unter den Voraussetzungen sog. **Tatherrschaft** vorgenommen.[101] Der Beteiligte muss durch Leisten seines Tatbeitrages zum Träger der Tatherrschaft werden. Allerdings wird innerhalb dieser Tatherrschaftslehre unterschiedlich beurteilt, wann der objektive Tatbeitrag zu erbringen ist:

Ein Teil verlangt im Sinne einer engen Tatherrschaftslehre einen Tatbeitrag unmittelbar in der Ausführungsphase im Sinne einer Tatbestandsherrschaft. Danach wären A und B nicht Mittäter, da die Wegnahmehandlung durch X spätestens mit Verlassen des Betriebsgeländes vollendet war.

Nach einem anderen, weiten Verständnis kann Tatherrschaft auch durch arbeitsteiliges Vorgehen in jeder Phase der Tat begründet werden. Danach wären A und B durch ihre erbrachten Tatbeiträge, die essentiell für die spätere Wegnahme durch X waren, in der Vorbereitungsphase Mittäter.

3. Die enge Tatherrschaftslehre ist abzulehnen. Schon der Wortlaut des § 25 Abs. 2 spricht gegen dieses enge Verständnis, da Mittäter eine Straftat gemeinschaftlich begehen, nicht notwendig gemeinsam einen Tatbestand. Außerdem werden die beiden weitergehenden Ansichten dem sozialen Phänomen der Mittäterschaft durch Abstellen auf arbeitsteiliges Vorgehen, auch unter Berücksichtigung der jeweiligen Interessen, besser gerecht.[102] Vorliegend ist deshalb von einer mittäterschaftlichen Begehung auszugehen, da A und B unmittelbar wirtschaftliches Interesse an der Begehung des Diebstahls hatten und objektiv arbeitsteilig mit X dergestalt vorgingen, dass A und B notwendige mitgestaltende Vorbereitungsakte durch Anfertigen eines Schlüsselabdrucks durchführten, der X im Gegenzug den Teilakt der Wegnahme beisteuerte.

Da die Voraussetzungen von § 25 Abs. 2 vorliegen, kann die Wegnahme durch X auch A und B zugerechnet werden.

III. Weiterhin könnte die Qualifikation des **schweren Bandendiebstahls** nach **§ 244 a Abs. 1** erfüllt sein.

1. Dafür müssten zunächst die Voraussetzungen eines **Bandendiebstahls** nach § 244 Abs. 1 Nr. 2 vorliegen. Dazu müssten A und B als Mitglied einer Bande, die sich zur fortgesetzten Begehung von Raub oder Diebstahl verbunden hat, unter Mitwirkung eines anderen Mitglieds gestohlen haben.

Eine **Diebesbande** ist der Zusammenschluss von mindestens drei Personen, die sich mit dem Willen verbunden haben, künftig für eine gewisse Dauer mehrere selbstständige, im Einzelnen noch ungewisse Diebstahls- oder Raubtaten zu begehen. Nicht erforderlich sind ein gefestigter Bandenwille und ein Tätigwerden in einem übergeordneten Bandeninteresse.[103] A, B und C hatten verabredet, in Zukunft Fahrzeuge entsprechend der ausgedachten Vorgehensweise zu entwenden, sodass A und B Bandenmitglieder waren.

Auch Gehilfen können Bandenmitglied sein, BGHSt 47, 214

101 Siehe etwa Wessels/Beulke/Satzger AT Rn. 806, 808 m.w.N.
102 Vgl. BGH RÜ 2013, 31, 32.
103 Grundlegend BGH RÜ 2001, 412.

Für die Tatbegehung unter **Mitwirkung eines anderen Bandenmitglieds** genügt, dass – gleichgültig ob am Tatort oder woanders – mindestens ein Bandenmitglied als Täter beteiligt sein muss und mindestens ein weiteres Bandenmitglied – als Täter oder Teilnehmer – an der konkreten Tat mitwirken muss. Die Wegnahmehandlung kann auch durch ein Nicht-Bandenmitglied ausgeführt werden, wenn mindestens zwei Bandenmitglieder auf sonstige Art und Weise an der konkreten Tat beteiligt sind.[104] Ausreichend war daher, dass X das Fahrzeug wegnahm und A und B dies durch die Tatplanung und Beschaffung des Nachschlüssels vorbereitet hatten.

Bei § 244 a – und nur hier! – wird das Regelbeispiel als Tatbestandsmerkmal geprüft.

2. Nach § 244 a Abs. 1 liegt ein schwerer Bandendiebstahl u.a. vor, wenn der Diebstahl unter den Voraussetzungen eines Regelbeispiels nach § 243 Abs. 1 S. 2 begangen wird. Da es A und B darum ging, durch die Begehung der geplanten Diebstahlstaten Einkünfte von erheblichem Umfang zu erzielen, handelten sie gewerbsmäßig i.S.v. § 243 Abs. 1 S. 2 Nr. 3. Weiterhin hat der Mittäter X bei der Wegnahme einen besonders schweren Fall nach § 243 Abs. 1 S. 2 Nr. 1, 2 begangen, was A und B gemäß § 25 Abs. 2 zuzurechnen ist.

Die Tat von A und B ist somit als schwerer Bandendiebstahl qualifiziert.

IV. A und B handelten, auch hinsichtlich der qualifizierenden Merkmale, **vorsätzlich** und in der **Absicht rechtswidriger Zueignung** sowie **rechtswidrig** und **schuldhaft**.

A und B haben sich wegen schweren Bandendiebstahls strafbar gemacht.

C. Strafbarkeit des X als Teilnehmer

X könnte sich wegen **Beihilfe** zu dem von A und B begangenen **schweren Bandendiebstahl** gemäß **§§ 244 a, 27** strafbar gemacht haben.

I. A und B begingen mit ihrem gemeinschaftlichen schweren Bandendiebstahl eine vorsätzlich rechtswidrige Haupttat.

II. Hierzu leistete der X Hilfe, indem er das Fahrzeug am Wochenende entwendete.

III. X handelte **vorsätzlich** hinsichtlich der vorsätzlich begangenen rechtswidrigen Haupttat von A und B sowie vorsätzlich bezüglich seines eigenen Gehilfenbeitrages.

IV. Fraglich ist, ob der Grundsatz der Akzessorietät der Teilnahme hier gemäß § 28 Abs. 2 durchbrochen wird, da X selbst nicht Mitglied der Diebesbande war. Dafür müsste die **Bandenmitgliedschaft ein besonderes persönliches Merkmal i.S.v. § 28 Abs. 2**[105] sein.

1. Nach h.M. handelt es sich hierbei um ein besonderes persönliches Merkmal, da die Bandenabrede der Beteiligten untereinander die besondere Beziehung der Mitglieder zueinander charakterisiert.[106] Danach verbleibt es für X bei einer Haftung aus dem Grundtatbestand.

2. Nach a.A. handelt es sich dagegen bei der Bandenmitgliedschaft um ein rein tatbezogenes, das Unrecht des Bandendiebstahls umschreibendes

---

104 BGH RÜ 2001, 412.

105 Ausführlich zum Begriff BGH RÜ 2019, 431.

106 BGH NStZ 2013, 102, 103; Fischer § 244 Rn. 44 m.w.N.

Tatmerkmal. Der Gehilfe hafte bereits bei bloßer Kenntnis vom Bandendiebstahl streng akzessorisch,[107] sodass hier demnach genügt, dass X Kenntnis von dem deliktischen Vorgehen von A, B und C hatte.

3. Für die h.M. spricht, dass die Bandenmitgliedschaft an die Person des Beteiligten anknüpft, nicht jedoch an die objektive Gefährlichkeit, die aus der Wegnahme unter Mitwirkung eines anderen Bandenmitglieds herrührt. Grund der Strafschärfung ist die individuelle Bereitschaft, eine gefährliche Verabredung mit anderen einzugehen, und diese innere Einstellung führt zur Einordnung als besonderes persönliches Merkmal.

X hat sich daher nicht wegen Beihilfe zum schweren Bandendiebstahl strafbar gemacht. Es bleibt für ihn also bei einer Strafbarkeit wegen Diebstahls im besonders schweren Fall.

Ergebnis: A und B haben sich wegen gemeinschaftlichen schweren Bandendiebstahls gemäß §§ 242 Abs. 1, 244 a Abs. 1, 25 Abs. 2 strafbar gemacht.

X hat sich wegen Diebstahls im besonders schweren Fall gemäß §§ 242 Abs. 1, 243 Abs. 1 S. 2 Nr. 1, 2 strafbar gemacht.

---

107 Sch/Sch/Eser/Bosch § 244 Rn. 28/29.

2. Teil: Unterschlagung

Fall 12: Formelle Subsidiarität der Unterschlagung (BGH RÜ 2002, 318)

A hatte seinen Nachbarn N im offenen Streit erstochen. Im Anschluss hieran nahm er dessen hochwertiges Mobiltelefon und Geldbeutel an sich. Es konnte nicht geklärt werden, wann A den Entschluss zur Mitnahme der Objekte gefasst hatte. Tage später wurde der A gefasst.

Strafbarkeit des A?

Beachte: „Dickschiffe" nach vorn!

I. A könnte einen **Mord** gemäß **§ 211** begangen haben, als er den N erstach.

1. A tötete einen Menschen.

2. Des Weiteren müsste ein **Mordmerkmal** verwirklicht haben.

2. Gruppe als objektive Tatbestandsmerkmale

a) Tatbezogene Mordmerkmale der zweiten Gruppe des § 211 scheiden aus: Insbesondere ist angesichts der Tötung im offenen Streit keine für Heimtücke erforderliche Arglosigkeit des Opfers anzunehmen.

1. und 3. Gruppe als subjektive Tatbestandsmerkmale

b) Fraglich ist, ob A ein subjektives Mordmerkmal verwirklicht hat.

aa) In Betracht kommt ein Handeln aus **Habgier**. Habgier ist ein besonders verwerfliches Gewinnstreben um jeden Preis, selbst um den Preis eines Menschenlebens.[108] Es bleibt unklar, wann A den Entschluss gefasst hatte, Mobiltelefon und Geldbeutel des Opfers an sich zu nehmen. Daher ist nach dem Grundsatz „in dubio pro reo" davon auszugehen, dass er diesen Entschluss erst nach der Tötung gefasst hatte. Somit handelte A nicht habgierig.

bb) Wegen der Unsicherheit hinsichtlich des Tatentschlusses scheidet auch die **Absicht zur Begehung einer anderen Straftat** aus.

A hat sich daher nicht wegen Mordes strafbar gemacht.

II. Da A aber den N vorsätzlich, rechtswidrig und schuldhaft tötete, hat er sich wegen **Totschlags** gemäß **§ 212 Abs. 1** strafbar gemacht.

Zu dem Erfordernis der Finalität bei den Raubdelikten siehe ausführlich Fall 29.

III. Eine Bestrafung aus **§§ 249, 250, 251** scheidet aus, da im Zweifel davon auszugehen ist, dass A den Entschluss, Mobiltelefon und Geldbeutel an sich zu nehmen, erst nach der Gewaltanwendung fasste. Somit fehlt es an der Finalität.

IV. A könnte einen **Diebstahl** gemäß **§ 242 Abs. 1** begangen haben, als er die Gegenstände nach Tötung seines Nachbarn an sich nahm.

1. Dann müssten Mobiltelefon und Geldbeutel als bewegliche Sachen für A zum Zeitpunkt des Ansichnehmens **fremd** gewesen sein. Eine Sache ist fremd, wenn sie zumindest im Miteigentum eines anderen als dem Täter steht.

Die Frage der Fremdheit richtet sich nach den maßgeblichen Vorschriften des Bürgerlichen Rechts.

Als A Geldbeutel und Mobiltelefon an sich nahm, war der N jedoch bereits tot und kam daher als Rechtsgutträger des Eigentums nicht mehr in Be-

108 Fischer § 211 Rn. 10 m.w.N.

tracht. Da die Fremdheit i.S.d. § 242 Abs. 1 den Regelungen des bürgerlichen Rechts folgt, sind gemäß § 1922 BGB die Erben des N als dessen Gesamtrechtsnachfolger neue Eigentümer. Sind keine Erben vorhanden, rückt an deren Stelle gemäß § 1936 BGB der Fiskus mit seinem gesetzlichen Erbrecht. Daher waren Mobiltelefon und Geldbeutel zum Zeitpunkt der Ansichnahme für den A fremd.

2. Diese fremden beweglichen Sachen müsste der A **weggenommen**, also Gewahrsam gebrochen und neuen Gewahrsam begründet haben.

Als A die Sachen an sich nahm, war N bereits gestorben und konnte daher keinen Herrschaftswillen über das Mobiltelefon und den Geldbeutel mehr ausüben. Fraglich ist, ob die Erben kraft Gesetzes in das Gewahrsamsverhältnis einrückten.

Mit dem Todesfall und der eingetretenen Gesamtrechtsnachfolge treten die nunmehr Berechtigten in den sogenannten Erbenbesitz gemäß § 857 BGB ein. Dieser – letztlich gesetzlich fingierte – Besitz ist indes für die **strafrechtliche Beurteilung der tatsächlichen Gewahrsamsverhältnisse unbedeutend.**[109] Daher waren die Sachen mit dem Tod des N gewahrsamslos. Da auf der Grundlage des Zweifelssatzes auch nicht davon ausgegangen werden kann, dass A bereits mit der Tötung fremden Gewahrsam brechen wollte, hat er die Sachen daher nicht weggenommen.

Der Erbenbesitz ist ein Beispiel dafür, dass der Besitz nach zivilrechtlichen Maßstäben und der strafrechtliche Gewahrsam im Einzelfall nicht deckungsgleich sind.

Somit hat A sich nicht wegen Diebstahls strafbar gemacht.

V. A könnte eine **Unterschlagung** gemäß **§ 246 Abs. 1** begangen haben, als er dem Toten das Mobiltelefon und das Geld abnahm.

§ 246 wird in der Regel am Ende als Auffangnorm geprüft.

1. Als A das Mobiltelefon und den Geldbeutel, für ihn insoweit fremde bewegliche Sachen, an sich nahm, eignete er sich diese rechtswidrig zu. Bereits im Ansichnehmen fremder Gegenstände – hier insbesondere der Sachen eines Toten nach begangener Straftat – manifestiert sich der Zueignungswille erkennbar nach außen.

2. A handelte **rechtswidrig** und **schuldhaft**.

3. Fraglich ist, ob § 246 Abs. 1 im Wege der **formellen Subsidiarität** zurücktritt. Dann müsste die Tat in anderen Vorschriften mit schwererer Strafe bedroht sein. Daher könnte die Unterschlagung hinter dem Totschlag zurücktreten, wenn beide Gesetzesverletzungen innerhalb der gleichen Tat verwirklicht worden sind.

a) Die unterschiedlichen Straftatbestände müssten also in **Handlungseinheit** begangen worden sein. In Betracht kommt eine natürliche Handlungseinheit, nach der mehrere Handlungen miteinander „verbunden" werden, wenn sie auf einem einheitlichen Willen beruhen und in einem engen zeitlichen und räumlichen Zusammenhang stehen, sodass eine Aufspaltung unnatürlich erscheinen würde.[110] Bisher wurde angenommen, dass A den Entschluss, die Sachen an sich zu nehmen, erst nach der Tötungshandlung gefasst hatte, eine Handlungseinheit läge daher angesichts des neuen Entschlusses nicht vor. Allerdings ist für die Frage, ob bestimmte Delikte zurücktreten, der Zweifelsgrundsatz nun zugunsten des A

Die Prüfung des Zweifelssatzes hat in der Falllösung stets neu anzusetzen: Es ist immer die für den Täter konkret günstigste Variante zu unterstellen!

109 Fischer § 242 Rn. 11.

110 Vgl. BGH RÜ 2019, 301, 302; Fischer Vor § 52 Rn. 3.

so anzuwenden, als hätte er es bereits bei der Tötung auf die Sachen abgesehen.[111] Dann würde natürliche Handlungseinheit zwischen dem Tötungs- und dem Eigentumsdelikt bestehen.

b) Streitig ist allerdings, ob die Subsidiaritätsklausel auch dann anwendbar ist, wenn die verschiedenen Gesetzesverletzungen **unterschiedliche Rechtsgüter** betreffen.

aa) In der Literatur wird vielfach vertreten, die Unterschlagung sei nur im Verhältnis zu anderen Eigentums- und Vermögensdelikten formell subsidiär.[112] Tatbestände, die das Zueignungsunrecht nicht abbilden, könnten § 246 nicht verdrängen. Demnach tritt die Unterschlagung nicht hinter dem Totschlag zurück, da ansonsten nicht deutlich werden würde, dass A nicht nur das Leben, sondern auch Eigentumsrechte verletzt hat.

bb) Der BGH[113] ist dieser einschränkenden Auslegung der Subsidiaritätsklausel unter Hinweis auf den Wortlaut des § 246 überzeugend nicht gefolgt. Der mögliche Wortsinn bildet die äußerste Grenze der Auslegung strafrechtlicher Bestimmungen zum Nachteil eines Beschuldigten, § 246 enthält jedoch – anders als andere Regelungen des Besonderen Teils – keine Einschränkungen der Subsidiarität. Daher tritt die Unterschlagung auch hinter dem Totschlag zurück.

Ergebnis: A hat sich wegen Totschlags gemäß § 212 Abs. 1 strafbar gemacht.

---

111 Vgl. BGH RÜ 2002, 318.

112 Fischer § 246 Rn. 23 a m.w.N.

113 BGH RÜ 2002, 318; NJW 2012, 3046.

3. Teil: Sachbeschädigung

Fall 13: Alles für das Klima!
(BGHSt 29, 129; BGH, Urt. v. 13.10.2016 – 4 StR 239/16, BeckRS 2016, 19423)

Student S war Umweltaktivist und brachte ein buntes Plakat mit Forderungen zum Klimaschutz (Maße ca. 40 x 60 cm) auf einem Stromverteilerkasten des örtlichen Energieversorgers an. Ein Polizeibeamter, der den Vorgang beobachtet hatte, zog das Plakat ohne weitere Rückstände unverzüglich wieder ab.

Später stellte S fest, dass sein Nachbar N mit seinem SUV wieder einmal auf dem Fahrradweg parkte. Um N eine Lektion zu erteilen und für klimafreundlichere Verkehrsmittel zu sensibilisieren, montierte S beide Vorderräder des SUV ab und lagerte die Vorderachse auf Ziegelsteinen. Die Räder deponierte er mit einem Zettel „Fahrrad statt SUV!" vor der Wohnungstür des N, wo dieser sie am nächsten morgen fand. N benötigte etwa 30 Minuten, um die Räder wieder anzubauen.

Strafbarkeit des S? Erforderliche Strafanträge sind gestellt.

I. S könnte eine **Sachbeschädigung** gemäß **§ 303 Abs. 1** an dem Verteilerkasten begangen haben, als er hierauf ein Plakat klebte.

1. Der Verteilerkasten war als körperlicher Gegenstand eine **Sache**, die überdies **in fremdem Eigentum** stand und damit für S fremd war.

Beachte: Die Sache muss nicht beweglich sein!

2. S könnte den Verteilerkasten durch das Anbringen des Plakats **beschädigt** haben. Beschädigen bedeutet nach h.M. eine nicht nur unerhebliche körperliche Einwirkung auf die Sache, die ihre stoffliche Zusammensetzung verändert oder ihre Unversehrtheit derart beeinträchtigt, dass die bestimmungsgemäße Gebrauchsfähigkeit gemindert ist.[114] Der Beschädigungserfolg kann also entweder in einer nicht unerheblichen Verletzung der Substanz oder in einer Brauchbarkeitsminderung liegen.

a) An einer derartigen Substanzverletzung fehlt es hier, da das zuvor angeklebte Plakat vom Polizeibeamten unverzüglich ohne weitere Rückstände entfernt werden konnte. Insoweit scheidet auch eine Beschädigung aus, die etwa infolge der Reinigung der Sache auftreten kann.

b) In der älteren Rspr. wurde eine Beschädigung jedoch teilweise bereits dann bejaht, wenn der Gestaltungswille des Eigentümers oder das vernünftige Interesse des Eigentümers am Zustand und Erscheinungsbild der Sache beeinträchtigt wird und ihm ein nicht unerheblicher Instandsetzungsaufwand entsteht.[115] Dagegen spricht jedoch, dass § 303 Abs. 1 die Belange des Eigentümers nicht in umfassender Weise schützt, sondern es geht um den Schutz der körperlichen Sachintegrität.[116] Eine rein ästhetische Veränderung begründet daher keine Beschädigung der Sache, sondern ist nur nach den weiteren Voraussetzungen nach § 303 Abs. 2 strafbar.

---

114 BGHSt 13, 207; 44, 34, 38; Fischer § 303 Rn. 6.
115 OLG Hamburg NJW 1979, 1614.
116 BGHSt 29, 129.

S hat sich durch das Überkleben des Verteilerkastens nicht wegen Sachbeschädigung gemäß § 303 Abs. 1 strafbar gemacht.

II. S könnte eine **Sachbeschädigung** nach **§ 303 Abs. 2** begangen haben, als er den Verteilerkasten „wild" plakatierte.

Der Gesetzgeber hat § 303 Abs. 2 im Jahr 2005 eingeführt, um gerade die Fälle von Graffiti und sonstigen optischen Veränderungen, die keine Substanzverletzung verursachen, strafrechtlich zu erfassen.

Dazu müsste er unbefugt das **Erscheinungsbild** der fremden Sache **nicht nur unerheblich und nicht nur vorübergehend verändert** haben.

Eine Veränderung des Erscheinungsbildes lag zunächst vor, indem der Stromverteilerkasten durch das Anbringen des Plakats anders aussah. Der Gesetzgeber hat jedoch zwei „Erheblichkeitsschwellen" des strafwürdigen Unrechts normiert, um sicherzustellen, dass die Intensität der optischen Veränderung den Tathandlungen des § 303 Abs. 1 gleichkommt. Veränderungen, die ohne Aufwand binnen kurzer Zeit von selbst wieder vergehen oder entfernt werden können, sind nur eine unerhebliche und vorübergehende Änderung.[117] Da der die Tat beobachtende Polizeibeamte das eigenmächtig angebrachte Plakat sofort wieder entfernen konnte, genügte die Intensität der optischen Veränderung nicht den Anforderungen von § 303 Abs. 2.

Mithin scheidet auch eine Strafbarkeit nach § 303 Abs. 2 hinsichtlich des Verteilerkastens aus.

III. S könnte eine **Sachbeschädigung** gemäß **§ 303 Abs. 1** begangen haben, indem er die Vorderräder des SUV abmontierte.

1. Der SUV stand im Eigentum des N und war damit taugliches Tatobjekt.

2. Fraglich ist, ob S den SUV durch das Abmontieren der Vorderräder **beschädigt** hat. Dafür spricht, dass das Fahrzeug ohne die Vorderräder nicht mehr funktionstüchtig war, sodass S durch eine körperliche Einwirkung die Brauchbarkeit aufgehoben hat. Grundsätzlich wird der Taterfolg des § 303 Abs. 1 nicht dadurch ausgeschlossen, dass die Beschädigung nachträglich wieder beseitigt werden kann.

a) Allerdings wird eine Beschädigung teilweise abgelehnt, wenn der Eingriff nur geringfügig ist, d.h. wenn die Gebrauchsfähigkeit ohne nennenswerten Aufwand an Zeit, Arbeit oder Kosten wiederhergestellt werden kann.[118] Daher soll etwa das Luftablassen aus Fahrradreifen nicht ohne weiteres eine Sachbeschädigung darstellen. Die Rspr. hat jedoch eine Beschädigung z.B. beim Ablassen der Luft aus einem Autoreifen bejaht, wenn die Wiederherstellung der Funktionsfähigkeit Aufwand an Zeit und Mühe verursachen würde.[119] Demnach ließe sich vertreten, dass das Anmontieren von zwei Vorderrädern sogar aufwändiger ist als das bloße Aufpumpen von Reifen und daher angesichts des für N erforderlichen Zeit- und Kraftaufwandes eine Beschädigung bejahen.

b) In einer aktuellen Entscheidung hat der BGH wegen der Alltäglichkeit des Reifenwechsels auch beim Abmontieren der Vorderräder eines Pkw eine Sachbeschädigung verneint, soweit die Vorderräder ohne weiteres wie-

---

117 Fischer § 303 Rn. 19.

118 Vgl. AS-Skript Strafrecht BT 1 (2018), Rn. 583.

119 BGHSt 13, 207; siehe auch BayObLG NJW 1987, 3271.

der angebracht werden können.[120] Auf dieser Grundlage würde S den SUV nicht beschädigt haben.

c) Gegen die letztgenannte Entscheidung spricht jedoch, dass die Einordnung einer Verrichtung als alltäglich noch nichts über den erforderlichen Aufwand aussagt. Weiterhin ist es geradezu typisch, dass Autohalter Reifenwechsel nicht selbst durchführen, sondern diese wegen des zeitlichen und technischen Aufwands von Fachwerkstätten durchführen lassen. Die Zeitspanne von 30 Minuten, die N für das fachgerechte Montieren der Vorderräder benötigte, lässt sich nicht mit einem einfachen Aufpumpen eines Fahrradreifens vergleichen.[121] Insoweit hat S den SUV beschädigt.

3. S handelte auch **vorsätzlich, rechtswidrig** und **schuldhaft**. Der für die Strafverfolgung erforderliche **Strafantrag** nach § 303 c ist gestellt.

Ergebnis: S hat sich hinsichtlich des SUV wegen Sachbeschädigung gemäß § 303 c strafbar gemacht.

---

120 BGH, Urt. v. 13.10.2016 – 4 StR 239/16, BeckRS 2016, 19423, Rn. 53.

121 Vgl. Ladiges JuS 2018, 657, 659.

Fall 14: Graffiti auf S-Bahnwagen
(OLG Hamburg NStZ 2015, 37)

Der Sprayer S hat es zu seiner Aufgabe gemacht, S-Bahnwagen des örtlichen, in öffentlicher Hand stehenden, Nahverkehrsunternehmens N mit großflächigen Kunstwerken zu versehen. Eines Nachts begab er sich zu einem abgestellten Wagen und besprühte etwa 80 % der vom Boden erreichbaren Außenfläche, sodass die Fenster weitgehend mit blickdichter Farbe bedeckt waren. Die Farbe konnte aufwendig abgewaschen werden, was zwar erhebliche Kosten verursachte, die Oberfläche der Fenster und den Lack jedoch nicht angriff.

Strafbarkeit des S? Ggf. erforderliche Strafanträge sind gestellt.

Mangels Substanzverletzung des Wagens ist § 304 Abs. 1 oder § 303 Abs. 1 nicht erfüllt (vgl. bereits Fall 13).

I. S könnte sich wegen **gemeinschädlicher Sachbeschädigung** gemäß **§ 304 Abs. 2** strafbar gemacht haben, indem er die S-Bahnwagen mit Farbe besprühte.

1. Der S-Bahnwagen müsste ein **Gegenstand** gewesen sein, der zum **öffentlichen Nutzen** dient. Dafür ist erforderlich, dass jedermann aus dem Publikum, sei es auch erst nach Erfüllung bestimmter allgemeiner Bedingungen, aus dem Gegenstand selbst oder aus dessen Erzeugnissen oder aus den bestimmungsgemäß von ihm ausgehenden Wirkungen Nutzen ziehen kann.[122] Nach einhelliger Auffassung gehören dazu Kraft- und Schienenfahrzeuge für den öffentlichen Personenverkehr.[123] Somit war der S-Bahnwagen taugliches Tatobjekt des § 304.

2. Tathandlung des § 304 Abs. 2 ist wie bei der Parallelregelung in § 303 Abs. 2 das unbefugte nicht nur unerhebliche und nicht nur vorübergehende **Verändern des Erscheinungsbildes**. Da S die Außenwand und Fenster des Wagens großflächig mit Farbe besprühte, die erst durch aufwendige Reinigungsarbeiten beseitigt werden konnte, hat er eine ausreichende optische Veränderung vorgenommen. Bei § 304 muss die Tathandlung darüber hinaus gerade die besondere öffentliche Funktion der Sache beeinträchtigen müssen, deren Schutz durch § 304 bezweckt wird.[124] Dies ist nicht der Fall, wenn die Sache trotz der Beschädigung usw. weiterhin für die Öffentlichkeit nutzbar ist. Daher erfüllt etwa das Anbringen kleinerer Graffiti § 304 Abs. 2 nicht.

Hinsichtlich des Besprühens der Wagen könnte man argumentieren, dass auch äußerlich umgestaltete S-Bahnwagen weiterhin zur Nutzung als öffentliches Transportmittel geeignet sind.[125] Dagegen spricht freilich, dass jedenfalls beim großflächigen Bemalen der Scheiben auch eine erhebliche Beeinträchtigung der Beförderungsfunktion eintritt, da die Fahrgäste eine komfortable Beförderung erwarten und während der Fahrt nicht gegen eine „Farbwand" schauen wollen. Weiterhin dienen die Fenster eines S-Bahnwagens auch Sicherheitsaspekten, indem die Fahrgäste leichter erkennen können, auf welcher Seite der Ausstieg ist. Die bessere Einsicht in den Wa-

---

122 BGHSt 31, 185, 186.
123 OLG Hamburg NStZ 2015, 37, 39 m.w.N.
124 Fischer § 304 Rn. 13.
125 In diese Richtung Jäger JA 2014, 549, 551.

gen kann auch Straftaten, insbesondere aus den Bereichen der Raub- und Sexualdelinquenz gegen Fahrgäste, verhindern.[126] Somit hat S durch das Besprühen auch die öffentliche Funktion des Wagens beeinträchtigt.

3. S wollte den S-Bahnwagen besprühen und handelte damit **vorsätzlich**.

4. S handelte auch **rechtswidrig** und schuldhaft.

S hat sich somit wegen gemeinschaftlicher Sachbeschädigung strafbar gemacht.

II. Weiterhin kommt eine Strafbarkeit wegen **Sachbeschädigung** gemäß **§ 303 Abs. 2** in Betracht.

Der S-Bahnwagen stand im Eigentum des Unternehmens N und war damit für S eine fremde Sache. Diese hat S auch durch das Besprühen auch im Sinne von § 303 Abs. 2 vorsätzlich, rechtswidrig und schuldhaft optisch verändert. Da der nach § 303c erforderliche Strafantrag gestellt ist, hat S sich auch wegen Sachbeschädigung strafbar gemacht.

Konkurrenzen und Ergebnis: Es liegen zwei Gesetzesverletzungen durch eine Handlung, das Besprühen, vor. Streitig ist, ob § 303 hinter § 304 zurücktritt. Teilweise wird dies bejaht, da § 304 die speziellere Vorschrift bzw. die einfache Sachbeschädigung eine typische Begleittat des § 304 sei.[127] Dies überzeugt freilich nicht. § 304 ist gerade keine Qualifikation zu § 303, da das Tatobjekt nicht fremd sein muss, sodass ein Spezialitätsverhältnis nicht besteht.[128] Angesichts des unterschiedlichen Rechtsgüterschutzes ist daher Tateinheit gemäß § 52 anzunehmen.

---

126 OLG Hamburg NStZ 2015, 37, 40.
127 Vgl. Fischer § 304 Rn. 17.
128 Sch/Sch/Hecker § 304 Rn. 17 m.w.N.

4. Teil: Betrug

Fall 15: Abhebung und Auszahlung fehlgebuchter Gutschriften
(BGHSt 46, 196; OLG Köln NJW 1987, 2527)

A unterhielt bei der D-Bank ein Geschäftskonto. Auf dieses Konto erfolgte am 12.02.2019 im Wege einer Fehlbuchung eine Gutschrift i.H.v. 369.769,57 €. Der noch am selben Tag von A ausgedruckte Datensatz enthielt zu seinem Konto diese Gutschrift. Infolge eines Tippfehlers hatte eine Sachbearbeiterin bei einer bankinternen Umbuchung eine falsche Filialnummer eingegeben, weshalb es bei ansonsten identischer Kontonummer zu der Gutschrift auf dem Konto des A kam. A erkannte, dass es sich um eine fehlerhafte Gutschrift handelte, und verfügte über das Guthaben mit insgesamt 25 Überweisungen, wobei die von A ausgefüllten und zeitgleich eingereichten Überweisungsformulare jeweils händisch von einem Bankangestellten bearbeitet wurden. Außerdem ließ er sich nach Ausfüllen eines Auszahlungsscheins 1.000 € bar auszahlen. Auf die Frage des Kassierers, ob es große Scheine sein dürften, antwortete der A mit „Ja" und erhielt 2.000 € ausgezahlt, weil der Kassierer sich verzählt hatte. Der A bemerkte auch dies, nahm das Geld entgegen und gab es aus.

Strafbarkeit des A?

I. A könnte einen **Betrug** gemäß **§ 263 Abs. 1** gegenüber und zulasten der D-Bank begangen haben, indem er die Überweisungsträger bei seiner Bank einreichte.

1. Dann müsste er **über Tatsachen getäuscht** haben.

Was „sagte" A?

a) Tatsachen sind gegenwärtige oder vergangene Verhältnisse, Zustände oder Geschehnisse. Auch innersubjektive Zustände, wie bestimmte Absichten oder Kenntnisse können eine Tatsache sein.[129] Durch das Einreichen der Überweisungstäter erklärte A gegenüber dem Bankmitarbeiter, dass er eine Transaktion von seinem Konto zugunsten eines jeweiligen Empfängers wünsche. A hat damit eine ausdrückliche Erklärung über eine Tatsache abgegeben. Allerdings hat er insoweit nicht getäuscht, da diese Erklärung gerade der Wahrheit entsprach.

Was „meinte" A?

b) Allerdings könnte A durch das Einreichen der Überweisungsträger konkludent erklärt haben, das Kontoguthaben stehe ihm auch materiell zu. Es ist allgemein anerkannt, dass auch durch ein irreführendes Verhalten, das als stillschweigende Erklärung zu verstehen ist, getäuscht werden kann. Eine solche **konkludente Täuschung** liegt vor, wenn der Täter die Unwahrheit nach der Verkehrsanschauung durch sein Verhalten miterklärt. Der Erklärungswert eines Verhaltens ergibt sich demnach auch aus den Gesamtumständen der konkreten Situation und bestimmt sich wesentlich durch den dem Erklärenden bekannten Empfängerhorizont und damit durch die ersichtlichen Erwartungen der Beteiligten unter Berücksichtigung der Anschauungen der jeweiligen Verkehrskreise sowie der in der Situation relevanten rechtlichen Normen. Entscheidend für die Auslegung

129 Fischer § 263 Rn. 8.

des Verhaltens sind neben der konkreten Situation der jeweilige Geschäftstyp und die dabei typische Pflichten- und Risikoverteilung zwischen den Partnern.[130]

aa) Die ältere Rspr. hat Verfügungen über fehlgebuchtes Kontoguthaben als konkludente Erklärung darüber verstanden, dass ein entsprechendes Guthaben dem Inhaber auch materiell zustehe.[131] Danach war das Einreichen der Überweisungsträger nach Erkennen der Fehlbuchung eine Täuschungshandlung durch A.

bb) Der BGH ist diesem Ansatz jedoch zutreffend nicht gefolgt. Zum einen können Behauptungen über Rechte nur Gegenstand einer Täuschungshandlung sein, soweit sie zugleich konkludente Tatsachenbehauptungen enthalten. Die bloße (unzutreffende) Behauptung eines Anspruchs ist dagegen allein nicht geeignet, überhaupt eine betrügerische Täuschungshandlung zu begründen. Auch enthält der Überweisungsauftrag nicht allgemein die stillschweigende Erklärung, dass für die zu überweisende Summe eine ausreichende Kontodeckung vorhanden sei. Vielmehr sind in der Bankpraxis Abbuchungen ohne entsprechende Kontodeckung nicht selten. Angesichts vielfältig eingeräumter Dispositionskredite und häufig auch darüber hinausgehender weiterer geduldeter Überziehungen wird der Anweisende häufig keine konkrete Kenntnis über den Stand seines Kontos haben. Außerdem fällt die Führung des Kontos und die ordnungsgemäße Buchung von Last- und Gutschriften gemäß §§ 677 ff. BGB in den Pflichtenkreis der kontoführenden Bank. Damit trägt sie die Verantwortung für die Kontoführung und damit grundsätzlich auch das Risiko, dass die Schuld besteht und die Leistung den Anspruch nicht übersteigt.[132] Insgesamt erschöpft sich der Erklärungswert eines Überweisungsauftrags in dem Begehren auf Durchführung der gewollten Transaktion und umfasst nicht die Behauptung eines Anspruchs hierauf.[133] A hat somit nicht konkludent über die materielle Berechtigung, über das Kontoguthaben zu verfügen, getäuscht.

2. Damit scheidet eine Bestrafung wegen Betruges durch Vorlage der Überweisungsformulare aus.

II. A könnte sich aber wegen **Betrugs durch Unterlassen** gemäß **§§ 263 Abs. 1, 13** strafbar gemacht haben, weil er beim Einreichen der Überweisungsträger nicht auf die Fehlbuchung hingewiesen hat.

Eine Täuschung durch Unterlassen ist grundsätzlich möglich, setzt aber eine Rechtspflicht des Täters nach § 13 Abs. 1 voraus, den anderen über seinen Irrtum aufzuklären. Die bloße Ausnutzung eines bereits vorhandenen oder sonst bestehenden Irrtums stellt keinen Betrug dar.[134] Fraglich ist, ob eine **Garantenpflicht** des A zur Aufklärung bestand.

1. Eine Garantenpflicht könnte unter dem Gesichtspunkt der **Herbeiführung einer Gefahrenlage (Ingerenz)** infrage kommen. Dann müsste der A

---

130 BGH RÜ 2007, 140, 141; siehe auch BGH RÜ 2014, 512.
131 Vgl. die Nachweise bei BGHSt 46, 196, 198.
132 BGHSt 46, 196, 198 f.
133 BGHSt 46, 196, 199.
134 Rengier BT I § 13 Rn. 19.

sich gefahrerhöhend – nach überwiegender Ansicht gar pflichtwidrig – für das Vermögen der Bank verhalten haben.

A hatte zu der Fehlbuchung in keiner Weise beigetragen und war deshalb auch nicht an der Schaffung der durch die versehentliche Gutschrift entstandenen Gefahrenlage beteiligt. Er hatte diese lediglich durch seine Überweisungen später ausgenutzt. Somit bestand keine Garantenpflicht aus Ingerenz.[135]

2. Des Weiteren könnte eine Aufklärungspflicht aus dem allgemeinen Grundsatz von **Treu und Glauben (§ 242 BGB)** hergeleitet werden.

Derartige Aufklärungspflichten setzen nach einhelliger Einsicht als Grundlage ein besonderes Vertrauensverhältnis zwischen den handelnden Personen voraus. Es werden besondere Umstände im zwischenmenschlichen Bereich gefordert, aufgrund derer sich ein entsprechendes Aufklärungsverhalten des Leistungsempfängers gleichsam aufdrängt.[136] Davon kann angesichts des Massengeschäftes zwischen Bank und Kunden keine Rede sein.[137]

3. Des Weiteren könnte **aus der Höhe des drohenden Schadens** für sich gesehen eine Offenbarungspflicht abzuleiten sein. Hierbei bliebe aber unberücksichtigt, dass die Schadenshöhe sich auf die Eigenart der zu beurteilenden Rechtsbeziehung zwischen den handelnden Parteien in der Regel nicht auswirkt. Im Übrigen ist das Verschweigen einer zur Selbstschädigung des anderen führenden Tatsache vom Grunde her gleich strafwürdig, egal ob der Schaden groß oder gering ist. Überdies wäre zu bedenken, dass eine Abgrenzung der Garantenpflicht nach der Höhe des drohenden Schadens im Hinblick auf das Bestimmtheitserfordernis des Art. 103 Abs. 2 GG nur schwer zu konkretisieren wäre.[138]

4. Schließlich könnte sich die **Garantenstellung aus dem Vertrag** zwischen Bank und Kunden ergeben. Nach überwiegender Ansicht reichen vertragliche Beziehungen alleine hierfür nicht aus, hinzutreten muss ein durch das Vertragsverhältnis vermitteltes besonderes Vertrauensverhältnis.[139] Die Rechtsbeziehungen der Bank zu ihrem Kontoinhaber regeln die §§ 675 c ff. BGB. Danach besteht für den Kunden aus dem Girovertrag die Hauptpflicht zur Zahlung des für die Kontoführung vereinbarten Entgelts. Im Gegenzug ist die Bank verpflichtet, im Rahmen der Kontoführung die Abwicklung der Gut- und Lastschriften auf dem Girokonto vorzunehmen. Hierin erschöpfen sich allerdings die vertraglichen Beziehungen in einem gewöhnlichen Leistungsaustauschverhältnis. Deshalb wird nach zutreffender Ansicht durch die bloße Unterhaltung eines Girokontos keine Garantenstellung begründende Vertrauensbeziehung geschaffen.[140] Auch aus den einschlägigen AGB der Banken, die eine Offenbarungspflicht der Kunden hinsichtlich Fehlüberweisungen/-buchungen regeln, kann eine Garantenpflicht nicht abgeleitet werden.[141]

---

135 Vgl. BGHSt 46, 196, 202.
136 BGHSt 39, 392, 401; vgl. auch BGH NStZ-RR 2017, 213.
137 Vgl. BGHSt 39, 392, 401; 46, 196, 203.
138 BGHSt 39, 392, 401; 46, 196, 202.
139 BGHSt 39, 392, 399; Fischer § 263 Rn. 47.
140 BGHSt 39, 392, 399.
141 BGHSt 46, 196, 203.

Somit hat sich A mangels Aufklärungspflicht nicht wegen Betruges durch Unterlassen gemäß §§ 263 Abs. 1, 13 strafbar gemacht.

Dann liegt auch keine Vermögensbetreuungspflicht i.S.d. § 266 vor, die eine spezifische Garantenstellung für das Vermögen bildet.

III. Schließlich könnte A einen **Betrug** gemäß **§ 263 Abs. 1** dadurch begangen haben, dass er sich insgesamt 2.000 € in bar auszahlen ließ.

1. Soweit A die Frage des Bankkassierers nach den großen Scheinen mit einem „Ja" beantwortete, stellt diese Äußerung keine **Täuschung über Tatsachen** dar. Angesichts einer erwarteten Barauszahlung i.H.v. 1.000 € stellt die bejahende Antwort nach großen Scheinen keine Täuschung über Tatsachen dar, da A die Auszahlung der erwarteten Summe in großen Scheinen annehmen wollte.

2. Fraglich ist, ob die bloße **Entgegennahme** des Geldes zugleich eine **schlüssige Erklärung** darüber enthält, dass die angenommene Leistung vom anderen geschuldet sei.

Nach der Verkehrsanschauung ist jedoch in der bloßen Entgegennahme einer Leistung nicht zugleich die Erklärung des Geschuldetseins enthalten. Es gehört grundsätzlich in den Risikobereich des Leistenden, dass die Schuld überhaupt besteht. Deshalb erfüllt die Annahme zuviel gezahlten (auch Wechsel-)Geldes nicht den Betrugstatbestand.[142]

So verhält es sich in der Regel bei Entgegennahme zuviel geleisteten Wechselgeldes!

3. Gleichfalls war A nicht verpflichtet, nach den **Grundsätzen** des **§ 13 Abs. 1** den vorhandenen Irrtum des Kassierers aufzuklären. Weder bestanden zwischen ihm und dem Kassierer bzw. der Bank derartig starke zwischenmenschliche Beziehungen, die rechtliche und nicht mehr bloß sittliche Pflichten zur Offenlegung der tatsächlichen Verhältnisse auslösten, noch begründete das Vertragsverhältnis zur Bank diese besondere Rücksichtnahme.

Ein Betrug im Zusammenhang mit der Auszahlung des Bargeldes scheidet damit aus.

IV. A könnte durch Behalten und späteres Ausgeben des Geldes eine **Unterschlagung** gemäß **§ 246 Abs. 1** begangen haben.

Dann müsste er sich eine fremde bewegliche Sache rechtswidrig zugeeignet haben.

Mit der Auszahlung des Bargeldes an ihn erfolgte jedoch eine Übereignung der Geldscheine gemäß § 929 S. 1 BGB. Der Kassierer einigte sich im Namen der Bank mit dem A über die Übereignung der Geldscheine und übergab sie anschließend. Ein entsprechender Irrtum des Kassierers ist für die von ihm abgegebene Willenserklärung bedeutungslos.

§§ 119, 123 BGB scheiden offensichtlich aus!

Ergebnis: A ist straflos.

142 Vgl. Rengier BT I § 13 Rn. 19, 20.

Fall 16: Sammelgaragen-Fall
(BGHSt 18, 221)

X und W unterhielten eine Liebesbeziehung. W hatte ihr Fahrzeug in einer mehrgeschossigen Sammelgarage untergestellt. In dieser Garage wurde für jeden untergestellten Wagen ein Zündschlüssel beim Pförtner (P) hinterlegt und dort an einem Schlüsselbrett aufbewahrt. Den zweiten Schlüssel behielten die Fahrzeughalter. Die Verfügungsberechtigten bekamen jedoch von der Garagenverwaltung auf Verlangen die dortigen Schlüssel ausgehändigt. Der X holte einmal den Wagen mit dem Sohn der W nach deren vorangegangener telefonischer Genehmigung aus der Garage zu einer Fahrt ab. Dies wiederholte er in etwa sechs bis acht Fällen allein. Am Morgen des 20. Mai, während der Nachtschicht des Pförtnerdienstes, sprach der X wieder in der Sammelgarage vor und holte in der Absicht, nicht zurückzukehren, ohne Wissen und Genehmigung der W deren Wagen ab, der ihm auch ausgehändigt wurde. Der Wagen wurde erst sechs Monate später sichergestellt.

Strafbarkeit des X? Erforderliche Strafanträge sind gestellt.

Schon im Einleitungssatz ist deutlich zu machen, zu wessen Lasten der Betrug geprüft wird.

I. X könnte einen **Betrug** gemäß **§ 263 Abs. 1** gegenüber P und zulasten der W begangen haben, als er sich das Fahrzeug von P in der Absicht aushändigen ließ, nicht damit zurückzukehren.

1. Dann müsste er **über Tatsachen getäuscht** haben.

a) Ausdrückliche Erklärungen gab der X bei Abholung des Fahrzeugs nicht ab, insbesondere wurde er nicht ausdrücklich nach seiner etwaigen Berechtigung gefragt.

Stets genauen Erklärungswert ermitteln!

b) Allerdings könnte er den P konkludent getäuscht haben. Dann müsste seinem äußeren Verhalten ein entsprechender typischerweise enthaltener Erklärungswert innewohnen.

Aufgrund seiner vorherigen Nutzungen mit dem Fahrzeug erklärte X auch am 20. Mai, dass die Genehmigung der W immer noch vorläge. Mithin spiegelte X wahrheitswidrig mit seinem Verhalten vor, zur Benutzung des Fahrzeugs der W berechtigt zu sein.

2. P erlag durch dieses Verhalten des X auch einem entsprechenden **Irrtum**, da er an die Berechtigung des X bei dieser Fahrt glaubte.

3. Durch diesen Irrtum müsste P über **Vermögen verfügt** haben. Vermögensverfügung ist jedes Tun, Dulden oder Unterlassen, das unmittelbar vermögensmindernd ist.[143]

a) P verfügte nicht über eigenes Vermögen, als er das Fahrzeug dem X überließ.

b) Möglicherweise hat der P aber über das Vermögen der W verfügt, als er dem X die Fahrzeugschlüssel aushändigte und duldete, dass dieser mit dem Fahrzeug davonfuhr.

Notwendigerweise müssen beim Betrug Irrender und Verfügender identisch sein, nicht dagegen Verfügender und Geschädigter. Unter bestimm-

143 Weiterführend AS-Skript Strafrecht BT 1 (2018), Rn. 308 ff.

ten Voraussetzungen kann der Getäuschte durchaus zulasten eines Drittvermögens verfügen (sog. **Dreiecksbetrug**).[144] Insbesondere bei der Herausgabe von Gegenständen ist zu klären, ob der Getäuschte und Verfügende mit seinem Verhalten als verlängerter Arm des Täters handelt – dann unter Umständen Diebstahl in mittelbarer Täterschaft – oder ob er aus seiner Position heraus mehr für den Vermögensträger – dann Dreiecksbetrug – tätig wird. Es geht darum, den Maßstab für die Zurechnung des Verhalten des Verfügenden zum Vermögensinhaber zu bestimmen, denn nur dann erscheint die Handlung des Getäuschten als eine Verfügung des Vermögensinhabers und nicht als eine durch den Täuschenden gesteuerte „gutgläubige Wegnahme".[145]

aa) Eine derartige Zurechnung des Handelns durch einen Dritten zulasten des Vermögensträgers erfolgt in jedem Fall, wenn der Getäuschte aufgrund Gesetzes, behördlichen Auftrags oder Rechtgeschäfts zur Vermögensverfügung zulasten des Drittvermögens ermächtigt ist.

bb) In den darüber hinausgehenden Fällen muss zwischen dem Verfügenden und dem Drittvermögen eine Nähebeziehung vorliegen, deren Voraussetzungen unterschiedlich beurteilt werden.

Tatsächliches Näheverhältnis: Was kann er?

So verlangt die überwiegende Ansicht, dass der Verfügende tatsächlich im Lager des Vermögensinhabers steht (Lagertheorie) oder ein sonstiges faktisches Näheverhältnis zum geschädigten Drittvermögen aufweist.[146]

Rechtliches Näheverhältnis: Was darf er?

Demgegenüber reicht nach einer anderen Ansicht die rein faktische Möglichkeit, auf das Vermögen eines Dritten zuzugreifen, nicht aus. Vielmehr setze die Nähebeziehung voraus, dass der Verfügende ausdrücklich oder stillschweigend zur Verfügung ermächtigt war (Befugnistheorie).[147]

Nach beiden Auffassungen kann das Handeln des P der W zugerechnet werden. Er stand faktisch im Lager der W als durch sie eingesetzter Gewahrsamshüter,[148] zum anderen war er durch entsprechende Handhabung in der Vergangenheit und Duldung der W ermächtigt, bis zum Widerruf dem X das Fahrzeug auszuhändigen.

Mithin ist von einer Verfügung durch P zulasten des Vermögens der W auszugehen.

4. Durch die Herausgabe des Fahrzeugs ist der W ein **Vermögensschaden** entstanden. Sie verlor über einen längeren Zeitraum den Besitz am Fahrzeug, ohne zugleich einen Ausgleich für diese Vermögenseinbuße zu erhalten.

5. Der X handelte mit **Vorsatz** und der Absicht, sich auf Kosten der W einen Vermögensvorteil zu verschaffen, auf den er keinen Anspruch hatte, also mit **Absicht rechtswidriger Bereicherung**.

6. Der X handelte **rechtswidrig** und **schuldhaft**.

X ist strafbar gemäß § 263 Abs. 1.

---

144 Weiterführend AS-Skript Strafrecht BT 1 (2018), Rn. 339 ff.

145 BGH RÜ 2017, 638, 639.

146 BGHSt 18, 221; Rengier BT I § 13 Rn. 100 ff.

147 Samson JA 1978, 564.

148 Vgl. zum Gesichtspunkt der Schutzfunktion auch BGH RÜ 2017, 638, 640.

II. Des Weiteren könnte X sich wegen **unbefugten Gebrauchs eines Fahrzeugs** gemäß **§ 248 b Abs. 1** strafbar gemacht haben, als er das Fahrzeug der W abholte und damit wegfuhr.

Mit dem Abholen und Fortfahren des Fahrzeugs nahm der X gegen den Willen der Berechtigten, hier der W, das Fahrzeug in Gebrauch. Da X sich mit diesem Verhalten aber bereits nach § 263 Abs. 1 strafbar gemacht hat, tritt der Normverstoß des § 248 b wegen der in Abs. 1 bestimmten formellen Subsidiarität zurück.

III. Weiterhin könnte X einen **Diebstahl** gemäß **§ 242 Abs. 1** an dem verbrauchten Benzin im Kraftfahrzeug begangen haben.

Stichwort: „Umkehrung der formellen Subsidiarität"

Die überwiegende Ansicht verneint bereits das Vorliegen des Tatbestandes des § 242 Abs. 1 – sei es mit der Begründung, dass der Verbrauch des Benzins von § 248 b Abs. 1 miterfasst sei, sei es mit dem Hinweis, dass das Benzin keine selbstständige fremde Sache, sondern Bestandteil des weggenommenen Fahrzeugs sei. Nach anderer Meinung tritt jedenfalls der möglicherweise mitverwirklichte § 242 Abs. 1 im Wege der Gesetzeskonkurrenz hinter dem tatbestandsmäßig gegebenen § 248 b Abs. 1 zurück.[149]

Da nach einhelliger Ansicht ein Diebstahl am verbrauchten Benzin jedenfalls im Ergebnis ausscheidet, bedarf es keiner weiteren Entscheidung der unterschiedlichen Ansichten.

Ergebnis: X hat einen Betrug gegenüber P zulasten der W gemäß § 263 Abs. 1 begangen.

149 Vgl. zum Streit AS-Skript Strafrecht BT 1 (2018), Rn. 233 m.w.N.

Fall 17: (Provisionsvertreter-)Betrug
(OLG Düsseldorf NJW 1990, 2397)

Z war als Zeitschriftenwerber tätig. Um der L den Bezug einer Zeitschrift „schmackhaft zu machen", die L nur teilweise interessierte, erklärte Z wahrheitswidrig, er habe eine karitative Organisation gegründet, die sich um die Betreuung älterer Menschen kümmere. Die durch das Abonnement der Zeitschriften fällig werdenden Provisionen kämen dieser Vereinigung zugute. L, die weniger an einem Dauerabonnement dieser Zeitschrift interessiert war, sondern in erster Linie ein soziales Werk tun wollte, verpflichtete sich daraufhin schriftlich zum Bezug der Zeitschrift für zwei Jahre zu einem wirtschaftlich angemessenen Preis. Sie zahlte zwei Monatsbeiträge und erkannte nun, dass Z die Zeitschrift nicht aus sozialer Motivation vertrieb, sondern um selbst die Provision vom Zeitschriftenverlag zu erhalten. Sie kündigte den Vertrag gegenüber dem Verlag, der die Kündigung sofort akzeptierte. Z hatte in Ansehung dieses Vertrages 70 € Provision erhalten.

Strafbarkeit des Z? Die Einhaltung zivilrechtlicher Verbraucherschutzvorschriften ist zu unterstellen.

I. Z könnte einen **Betrug** gemäß **§ 263 Abs. 1** gegenüber und zum Nachteil der L begangen haben, als er diese unter Hinweis auf sein soziales Engagement zum Abschluss des Vertrages veranlasste.

Im Obersatz benennen, zu wessen Lasten der Betrug geprüft wird.

1. Z hat L **über Tatsachen getäuscht**, indem er ihr wahrheitswidrig erklärte, dass fällig werdende Provisionen der von ihm gegründeten sozialen Vereinigung zugute kämen.

2. Die L befand sich hierüber in einem **Irrtum**.

3. L müsste weiter über ihr **Vermögen verfügt** haben.

Dieses tat sie tatsächlich in zweierlei Hinsicht. Zum einen verpflichtete sie sich schriftlich zum Bezug der Zeitschrift für zwei Jahre. Schon in der Begründung einer zivilrechtlichen Verpflichtung kann nach h.M. ein sog. Eingehungsbetrug liegen.[150] L verpflichtete sich durch die Zeitschriftenbestellung, zukünftig monatliche Raten zu leisten und verfügte damit über ihr Vermögen. Weiterhin liegt eine Vermögensverfügung darin, dass L bereits zwei Monatsbeträge an den Verlag überwies.

Eingehungs- und Erfüllungsphasen können zusammengefasst werden.

4. Hierdurch müsste L einen **Vermögensschaden** erlitten haben.

Unter dem Begriff „Vermögen" wird nach überwiegender Ansicht die Summe der geldwerten Güter einer Person nach Abzug der Verbindlichkeiten verstanden. Ein Vermögensschaden i.S.d. § 263 Abs. 1 tritt ein, wenn die Vermögensverfügung des Getäuschten bei wirtschaftlicher Betrachtungsweise unmittelbar zu einer nicht durch Zuwachs ausgeglichenen Minderung des wirtschaftlichen Gesamtwerts seines Vermögens führt (Prinzip der Gesamtsaldierung). Wurde der Getäuschte zum Abschluss eines Vertrages verleitet (Eingehungsbetrug), sind bei der für die Schadensfeststellung erforderlichen Gesamtsaldierung der Geldwert des erworbenen Anspruchs

150 Weiterführend AS-Skript Strafrecht BT 1 (2018), Rn. 327 f. m.w.N.

gegen den Vertragspartner und der Geldwert der eingegangenen Verpflichtung miteinander zu vergleichen. Ein Schaden liegt vor, wenn sich dabei ein Negativsaldo zu seinem Nachteil ergibt. Maßgeblich ist der Zeitpunkt der Vermögensverfügung, also der Vergleich des Vermögenswerts unmittelbar vor und nach der Verfügung. Spätere Entwicklungen berühren den tatbestandlichen Schaden nicht, sondern haben nur noch Bedeutung für die Strafzumessung.[151]

a) Grundsätzlich ist ein Vermögensschaden bei L danach ausgeschlossen. Hier entsprachen die monatlich erbrachten bzw. zukünftig zu erbringenden monatlichen Leistungen der Höhe nach dem Wert der empfangenen Gegenleistung, die Zeitschriften wurden durch Z keinesfalls überteuert an L verkauft. Die Vermögensminderung durch die Zeitschriftenbestellung bzw. die Zahlung der zwei Monatsraten wurde also durch den Anspruch auf Lieferung der Zeitschrift bzw. die tatsächliche Lieferung kompensiert.

b) Dennoch schließt die objektive Gleichwertigkeit von Leistung und Gegenleistung einen Vermögensschaden nicht in jedem Fall aus. Bei einem Vergleich der beiderseitigen Verpflichtung ist nämlich zu berücksichtigen, dass ein Vermögensgegenstand nicht für jeden den gleichen Wert haben muss. Insofern könnte es angezeigt sein, bei der konkreten Schadensermittlung den Vermögensträger mit seinem weiteren Umfeld bzw. seinen verfolgten Zielen und Zwecken zu berücksichtigen.

aa) So wird trotz wirtschaftlicher Ausgewogenheit von Leistung und Gegenleistung ein Vermögensschaden angenommen, wenn ein sog. p**ersönlicher Schadenseinschlag** anzunehmen ist. Dieser kann vorliegen, wenn der Vermögensträger für die empfangene Gegenleistung individuell keine Verwendungsmöglichkeit hat, er durch das betrügerisch zustande gekommene Geschäft zu anderen, weiteren vermögensnachteiligen Maßnahmen gezwungen wird oder ihm die vorhandenen wirtschaftlichen Mittel derartig entzogen werden, dass eine normale Lebensführung kaum noch möglich ist.[152]

Ein derartig persönlicher Schadenseinschlag ist bei L abzulehnen. Sie konnte die Zeitschrift verwenden, wirtschaftliche Not durch weitere vermögensnachteilige Maßnahmen oder Entzug wirtschaftlicher Mittel hatte sie nicht zu befürchten.

bb) Schließlich könnte der **verfehlte soziale Zweckbezug** einen Vermögensschaden begründen. Beim sog. Spenden-, Bettel- oder Schenkungsbetrug entfällt ein Schaden nach dem BGH nicht schon deshalb, weil der Getäuschte sein Vermögen bewusst hingibt, ohne eine wirtschaftliche Gegenleistung zu erhalten. Denn die bewusste Vermögensminderung soll nach den Vorstellungen des Gebenden durch Erreichen eines bestimmten nicht vermögensrechtlichen Zweckes ausgeglichen werden. Wird dieser Zweck verfehlt, so wird das Vermögensopfer auch wirtschaftlich zu einer unvernünftigen Ausgabe. Allerdings kann nicht jeder auf Täuschung beruhende Motivirrtum die Strafbarkeit begründen. Erforderlich ist vielmehr die Verfehlung eines Zweckes, der dem Verfügenden in der konkreten Situa-

---

151 Vgl. etwa BGH NStZ 2018, 538 m.w.N.

152 Vgl. den sog. Melkmaschinenfall BGHSt 16, 321; siehe auch BGH RÜ 2018, 646.

tion notwendig und sinnvoll erscheint, sei es, dass er einen sozialen, sei es, dass er einen indirekt wirtschaftlich relevanten Zweck verfolgt.[153]

Den verfolgten sozialen Zweck erreichte L nicht, da tatsächlich die Provision für die Zeitschriftenbestellung nicht an den karitativen Verein, sondern an den Z floss. Allerdings ist zu beachten, dass L nicht nur einen Vermögenswert bewusst weggab, wie z.B. beim sog. Bettelbetrug, sondern im Rahmen eines Austauschverhältnisses eine wirtschaftlich äquivalente Gegenleistung erhielt. In diesen Fällen kommt es nach dem BGH darauf an, dass das Austauschverhältnis entscheidend durch den sozialen Zweck bestimmt war.[154] Ansonsten spricht viel für einen unbeachtlichen Motivirrtum, der lediglich die von § 263 nicht geschützte Dispositionsfreiheit über das Vermögen betrifft. Ein Schaden unter Berücksichtigung der Zweckverfehlung wäre also nur gegeben, wenn L kaum oder gar kein Interesse an der Zeitschrift hatte, sondern die Kaufentscheidung nur oder zumindest überwiegend durch das Versprechen des sozialen Zwecks bestimmt war.[155] L konnte die Zeitschrift zwar nutzen, hätte diese aber nicht bestellt, wenn Z nicht falsche Angaben über die Provisionsverwendung abgegeben hätte. Die Verfolgung des karitativen Zwecks war für sie beim Abschluss der Bestellung maßgeblich. Somit liegt eine Zweckverfehlung und ein Vermögensschaden vor.

c) Ein Vermögensschaden entfällt vorliegend auch nicht deshalb, weil auf die bloße Beanstandung der L das Abonnement storniert wurde. Abgesehen davon, dass beim Eingehungsbetrug nach überwiegender Ansicht die Vollendung bereits zum Zeitpunkt des Vertragsschlusses anzunehmen ist,[156] hat L bereits zwei Monatsraten an den Verlag entrichtet. Selbst bei – nicht fallrelevanter – Erstattung gezahlter Monatsraten wäre ein vollendeter Betrug zu bejahen, da die Erstattung betrügerisch erlangter Geldbeträge lediglich als nachträgliche Schadenswiedergutmachung im Rahmen individueller Strafzumessung zu bewerten ist.

5. Z handelte **vorsätzlich**.

6. Des Weiteren müsste Z in der **Absicht** gehandelt haben, sich oder einem Dritten einen **rechtswidrigen Vermögensvorteil zu verschaffen**. Zudem müsste dieser vom Täter erstrebte Vorteil **stoffgleich** sein. Der Vorteil muss unmittelbare Kehrseite des Schadens sein, er muss als unmittelbare Folge aus der täuschungsbedingten Verfügung des Opfers stammen.[157]

a) Z erstrebte den Erhalt der Provision nach Vertragsabschluss. Dieser von ihm erstrebte Vermögensvorteil stammte indes nicht unmittelbar aus dem Vermögen der L, sondern aus dem Vermögen des von ihm vertretenen Verlages. Dieser unmittelbare wirtschaftliche Vorteil, den er erstrebte, war mithin nicht deckungsgleich mit dem real eingetretenen Schaden bei L, es fehlte die Stoffgleichheit.[158] Stoffgleichheit

---

153 BGH NJW 1995, 539 m.w.N.
154 BGH wistra 2003, 457, 459.
155 Vgl. OLG Düsseldorf NJW 1990, 2397.
156 Vgl. OLG Düsseldorf NJW 1990, 2397, 2398.
157 Fischer § 263 Rn. 187 m.w.N.
158 Vgl. OLG Düsseldorf NJW 1990, 2397, 2398.

b) Allerdings ist zu berücksichtigen, dass Z erst eine Provisionszahlung erhalten hatte, nachdem er gegenüber dem Verlag einen äußerlich wirksam zustande gekommenen Vertragsabschluss über den Bezug einer Zeitschrift vorweisen konnte. Dieser Vertragsabschluss zugunsten des Verlages war für ihn zwingende Voraussetzung, um seinen Provisionsvorteil zu erhalten. Deswegen hatte der Z bei Abschluss des Vertrages zulasten der L die klare Zielvorstellung, einen entsprechenden Anspruch des Verlages gegen die L aus diesem Vertrag herbeizuführen, um somit die notwendige Voraussetzung seines Provisionsanspruchs gegen den Verlag zu schaffen.[159]

Notwendiges Zwischenziel als dolus directus 1. Grades

Daher handelte Z nicht in ausschließlicher Absicht gerichtet auf einen Vermögensvorteil zu eigenen Gunsten aus dem Verlag, sondern gleichermaßen zielgerichtet auf das Verschaffen eines **Vermögensvorteils zugunsten des Verlages**, um überhaupt eigene Provisionen erhalten zu können. Nur mit Erreichen dieses notwendigen Zwischenziels konnte er sicher sein, die Provision zu erhalten. Damit ist eine drittbezogene Bereicherungsabsicht zu bejahen.

7. Der Z handelte **rechtswidrig** und **schuldhaft**.

Z hat sich wegen Betruges gemäß § 263 Abs. 1 gegenüber der L strafbar gemacht.

II. Z könnte einen weiteren **Betrug** gegenüber und zulasten des Verlages begangen haben, als er den mit L abgeschlossenen Vertrag zwecks Erhalts eigener Provision einreichte.

L täuschte den Verlag über das Zustandekommen des Vertrages, indem er diesen im Unklaren darüber ließ, dass der Vertragsabschluss mit Mitteln der Täuschung, mithin anfechtbar gemäß § 123 BGB, zustande gekommen war. Der Verlag verfügte irrtumsbedingt über eigenes Vermögen, als er die Provision an Z auskehrte. Z handelte insoweit auch mit Vorsatz und rechtswidriger Bereicherungsabsicht. Die Tat des Z war rechtswidrig und schuldhaft.

Ergebnis: Z ist strafbar wegen Betruges in zwei tatmehrheitlichen Fällen gemäß §§ 263 Abs. 1, 53.

---

159 Vgl. OLG Düsseldorf NJW 1990, 2397, 2398.

Fall 18: Vermögensschaden bei vereinbartem Rücktrittsrecht (BGHSt 34, 199)

A organisierte Werbung und Vertrieb für Verjüngungs- und Abmagerungsmittel sowie für „Haarverdicker" und „Nichtraucherpillen" und bestritt damit seinen Lebensunterhalt. Er ließ eine Werbeanzeige für die letztgenannten Produkte in einer Frauenzeitschrift schalten und wollte entsprechende Anzeigen auch in den Folgewochen in weiteren Zeitschriften erscheinen lassen. Darin gab er u.a. an, durch die Pillen würde sich die Haardicke innerhalb von zwei Wochen verdoppeln bzw. nach Einnahme würde man garantiert innerhalb eines Monats kein Bedürfnis nach Nikotin mehr verspüren. Diese Ware bestellten insgesamt 1.000 Kunden, weil sie den Werbeangaben glaubten. Wie A wusste, waren sämtliche Produkte ebenso wirkungslos wie harmlos. Er verkaufte sie zu Preisen zwischen 30 € bis 40 € „ohne jedes Risiko" per Nachnahme zzgl. Versandspesen mit „Rückgaberecht innerhalb von 14 Tagen mit voller Geld-zurück-Garantie". Aufgrund seiner Erfahrung ging er von einem Reklamationsanteil von höchstens 10 % aller Bestellungen aus. Tatsächlich wurde dieser Prozentsatz sogar unterschritten. Zur Erledigung der Reklamationen sowie für die Werbeanzeigen hatte er stets ausreichend Barmittel zur Verfügung. Die Besteller erhielten bei Reklamationen den vollen Kaufpreis zurück.

Strafbarkeit des A? Erforderliche Strafanträge sind gestellt.

A könnte sich wegen **Betruges im besonders schweren Fall** gemäß **§ 263 Abs. 1, Abs. 3 S. 2 Nr. 1, Nr. 2 Alt. 2** gegenüber und zum Nachteil der Besteller strafbar gemacht haben, als er die Werbeanzeige für die Haarverdicker- und Nichtraucherpillen schaltete.

1. A müsste **über Tatsachen getäuscht** haben.

Tatsache oder (anpreisendes) Werturteil?

Hierfür ist erforderlich, dass die abgegebene Erklärung einen Tatsachenkern enthält. Insbesondere bei erkennbaren Anpreisungen im Rahmen einer Werbeaktion werden häufig offensichtlich überzogene und einseitig positive Aussagen über ein Produkt vorgenommen, die eher persönliche Werturteile, als der Nachprüfung zugängliche Tatsachen enthalten.[160] Die Werbung des A enthielt aber einen Tatsachenkern, da sie konkrete Aussagen zur Wirkung der Haarverdicker- und Nichtraucherpillen machte. Damit hat A die Grenze des bloß persönlichen Werturteils überschritten und falsche Tatsachen angegeben.

2. Durch die Täuschung über die Wirksamkeit der zwar harmlosen, aber auch wirkungslosen Präparate erregte A bei den jeweiligen Bestellern einen **Irrtum**, weil diese glaubten, die Pillen hätten im Kern die versprochene – wenn auch vielleicht übertrieben geschilderte – Wirkung, zumal der Verkauf noch mit einer „Geld-zurück-Garantie" beworben wurde.

Dass die Besteller bei hinreichend sorgfältiger Prüfung die Täuschung hätten erkennen können, also besonders leichtgläubig waren, ändert an der tatsächlichen Fehlvorstellung nichts. Für eine Beschränkung des Betruges

160 Vgl. Fischer § 263 Rn. 10.

auf „durchschnittliche Kunden" oder einen verständigen Verbraucher ist aus Gründen des Opferschutzes kein Raum.[161]

3. Durch diesen Irrtum **verfügten** die Besteller **über ihr Vermögen**, indem sie die Waren bestellten und das Geld für die Nachnahmesendung aushändigten.

4. Des Weiteren müssten die Besteller einen **Vermögensschaden** erlitten haben.

Angesichts getätigter Zahlungen für das wirkungslose Mittel erlitten die jeweiligen Besteller eine wirtschaftliche Einbuße, wurden mithin ärmer. Allerdings könnte hier beachtlich sein, dass den jeweiligen Bestellern ein Rücktrittsrecht im Sinne einer „Geld-zurück-Garantie" eingeräumt war.

a) Bei einem Eingehungsbetrug, dessen Vollendung nach überwiegender Ansicht schon in der Eingehung einer jeweiligen Verbindlichkeit gesehen wird, können zivilrechtliche Gegenrechte nicht völlig außer Betracht bleiben. So verschiebt ein bestehendes zivilrechtliches Widerrufsrecht, sich nämlich einseitig vom geschlossenen Vertrag lösen zu können, den Zeitpunkt der betrugsrelevanten Vollendung bis zum Ablauf des Widerrufsrechts.[162] Dagegen haben Anfechtungsmöglichkeiten (§§ 123, 119 BGB) oder eine tatsächliche Stornierungsbereitschaft des Vertragspartners keinerlei Auswirkung auf die angenommene Vollendung, da die Lösung des Vertrages letztlich einhergeht mit Prozessrisiken, die der Geschädigte nicht zu tragen hat.[163]

Vorliegend war indes der Zeitpunkt des Eingehungsbetruges überschritten, da die jeweiligen Besteller gegen Nachnahme den zunächst geschuldeten Kaufpreis bereits entrichtet hatten.

b) Fraglich könnte allerdings sein, ob angesichts der vertraglich zugesicherten „Geld-zurück-Garantie" und hiermit verbundener wirtschaftlicher Positionen der jeweiligen Besteller ein Schaden angenommen werden kann.

Nach wirtschaftlicher Betrachtung verbleibt es bei dem eingetretenen Schaden. In dem hier zu beurteilenden Fall des Verkaufs von „Wundermitteln" ist und bleibt nach objektiv-wirtschaftlicher Betrachtung das Vermögen der Getäuschten um den Kaufpreis vermindert, ohne dass die Getäuschten ein entsprechendes Äquivalent als Ausgleich erhalten hätten. Auch das zugesagte Rücktrittsrecht mit der Geld-zurück-Garantie gleicht diese Vermögensminderung wirtschaftlich nicht vollwertig aus. Bezogen auf die Gesamtheit aller Geschäfte, die allesamt wegen der Wirkungslosigkeit der Präparate rückabwicklungsfähig waren, konnte diese Zusage wirtschaftlich nicht werthaltig sein, da angesichts der Vielzahl der vom Verkäufer getätigten Zusagen die Rückabwicklung mit ihrer wirtschaftlichen Bedienbarkeit völlig unsicher war. Diese Unsicherheit der Opfer, ob und ggf. wie ein Rücktrittsrecht überhaupt ausgeübt werden kann, wenn das Präparat teilweise oder – um die erwünschte Wirkung herbeizuführen – gar ganz

161 BGHSt 39, 199, 201 f.; BGH RÜ 2014, 642, 643.
162 Fischer § 263 Rn. 176 a.
163 Vgl. BGHSt 34, 199, 203.

verbraucht wurde, macht das zugesagte Recht der Rückabwicklung mit der verbundenen Geld-zurück-Garantie wirtschaftlich wertlos.[164]

Mithin haben alle Besteller einen Vermögensschaden erlitten.

5. A handelte **vorsätzlich** und in der Absicht, sich zu Unrecht zu bereichern.

6. Die Taten des A waren **rechtswidrig** und **schuldhaft**.

7. A könnte weiterhin **Regelbeispiele** nach § 263 Abs. 3 S. 2 verwirklicht haben.

a) Da A die Anzeige schaltete, um durch den Vertrieb der wirkungslosen Pillen seinen Lebensunterhalt zu bestreiten, handelte er **gewerbsmäßig** nach § 263 Abs. 3 S. 2 Nr. 1.

b) Durch die Werbung wurden auch eine Vielzahl von Personen auf die wirkungslosen Pillen aufmerksam und bestellten diese. Da A auch weitere entsprechende Werbeanzeigen in den Folgewochen schalten wollte, ging es ihm auch darum, durch die **fortgesetzte Begehung von Betrug eine große Zahl von Menschen in die Gefahr von Vermögensverlusten** zu bringen gemäß § 263 Abs. 3 S. 2 Nr. 2 Alt. 2.

Somit hat A sich wegen Betruges im besonders schweren Fall strafbar gemacht.

Ergebnis: Trotz der Vielzahl von geschädigten Personen hat A durch das Schalten der Werbeanzeige mit den falschen Angaben nur eine Tathandlung begangen und sich damit nur wegen eines Betrugs im besonders schweren Fall strafbar gemacht.[166]

Es wäre auch denkbar, eine Tat im Sinne eines uneigentlichen Organisationsdelikts zu bejahen, wenn man allgemein auf die betrügerische Geschäftstätigkeit des A abstellt.[165]

164 Vgl. BGHSt 34, 199, 203.

165 Vgl. BGH, Beschl. v. 26.02.2019 – 2 StR 358/17, BeckRS 2019, 8846, Rn. 5 m.w.N.

166 Vgl. entsprechend bei einer Diebstahlshandlung zulasten mehrerer Geschädigter BGH RÜ 2019, 301.

Fall 19: Vermögensschutz bei verbotenen Rechtsgeschäften
(KG NJW 2001, 86)

Um vorzeitig an ihr Vermögen zu kommen, hatte E den Plan gefasst, seine Ehefrau F durch einen gedungenen Mörder töten zu lassen, und suchte nun nach einer Person, die geeignet und bereit erschien, die Tat auszuführen. Er traf auf K, dem er 50.000 € zur Tötung der F anbot. K ging zum Schein auf das Angebot des E ein und sagte zu, F am nächsten Wochenende zu töten. Einzelheiten der Tatausführung besprachen die beiden nicht. E vereinbarte mit K, dass der „Killerlohn" nach vollzogener Tat in bar ausgehändigt werden sollte. E hatte zu keinem Zeitpunkt vor, dem K Geld zu bezahlen. K verlangte für die Begehung der Auftragstötung einen Vorschuss von 1.000 €, den E – notgedrungen – ohne weitergehende Zahlungsbereitschaft zahlte. K offenbarte sich der Polizei, daraufhin wurde E festgenommen.

Strafbarkeit von E und K?

A. Strafbarkeit des E

§ 30 ist – wie §§ 22, 25, 26, 27 – stets mit einer BT-Norm zu prüfen!

Die versuchte Anstiftung umfasst das vergebliche Bestimmen und das erfolgreiche Bestimmen, bei dem die Haupttat aber nicht ins Versuchsstadium gelangt.

I. E könnte sich wegen **versuchter Anstiftung** zu einem **Totschlag** gemäß **§§ 212 Abs. 1, 30 Abs. 1 S. 1 Alt. 1** strafbar gemacht haben, indem er mit K das Angebot besprach.

1. Da E es tatsächlich nicht gelang, den Tatentschluss zur Tötung bei K zu wecken, scheidet eine Strafbarkeit wegen vollendeter Anstiftung zur Haupttat aus.

2. E hatte den **Entschluss**, einen anderen, nämlich den K, zu bestimmen, dass dieser ein Verbrechen in Form des Totschlags gemäß § 212 Abs. 1 zu Lasten der F begeht.

3. E hat spätestens durch die Zahlung des Vorschusses an K auch zu der Anstiftung **unmittelbar angesetzt**.

4. E handelte **rechtswidrig** und **schuldhaft**.

E ist wegen versuchter Anstiftung zu einem Totschlag strafbar.

II. Des Weiteren ist der E wegen **versuchter Anstiftung zum Mord** gemäß **§§ 211, 30 Abs. 1** strafbar, da E den K zu einer Tötung aus Habgier – Tötung der F gegen Geld – bestimmen wollte. Er selbst handelte aus demselben Tötungsmotiv, sodass auch die Bestrafung seiner Teilnahme aus dem Mordstrafrahmen zu erfolgen hat, und zwar entweder über die Anwendung des § 28 Abs. 2 (Lit.) oder über die Versagung einer Strafmilderung nach § 28 Abs. 1 (BGH).[167]

III. E könnte einen **versuchten Betrug** gemäß **§§ 263 Abs. 1, 2, 22** gegenüber und zulasten des K begangen haben, als er diesem die Zahlung eines Killerlohns in Aussicht stellte, den er tatsächlich aber nie zahlen wollte.

1. Ein vollendeter Betrug liegt nicht vor, da es zu einer weiteren Durchführung des in Aussicht genommenen Plans zu keinem Zeitpunkt gekommen ist. Die Strafbarkeit des versuchten Betruges folgt aus § 263 Abs. 2.

---

167 Siehe ausführlich dazu AS-Skript Strafrecht BT 2 (2019), Rn. 107 ff.

2. E müsste den **Tatentschluss** gehabt haben, alle objektiven und subjektiven Tatbestandsvoraussetzungen des Betruges zu verwirklichen.

a) Er hatte die Vorstellung, den K über die eigene Zahlungsbereitschaft zu täuschen, insoweit war auch ein entsprechender Irrtum in der Person des K beabsichtigt.

b) Fraglich ist, ob E sich vorstellte, eine betrugsspezifische **Vermögensverfügung** in der Person des K auszulösen und so bei ihm einen Vermögensschaden zu bewirken.

Soweit E die Vorstellung hatte, mit K einen Vertrag über den Auftragsmord an seiner Ehefrau abzuschließen, er mithin glaubte, K würde sich zu einer entsprechenden „Verbindlichkeit" verpflichten, stellte dieser vorgestellte Vertragsabschluss angesichts greifbarer Sittenwidrigkeit gemäß §§ 134, 138 BGB keine Vermögensverfügung dar.

So offensichtlich: Deshalb ist die Prüfung eines „vollendeten" Eingehungsbetruges entbehrlich.

Allerdings stellte sich E vor, K werde ihm gegenüber eine tatsächliche „Dienstleistung" erbringen, indem jener die F töten werde.

Im Strafrecht ist anerkannt, dass der Arbeitsleistung eines Menschen Vermögenswert zukommt, soweit sie im Austausch gegen Entgelt erbracht wird. Verfügungsgegenstände können damit durchaus geldwerte Arbeitsleistungen sein.[168] Zu beachten ist, dass die in Aussicht gestellte Arbeitsleistung des K in der verbotenen Auftragstötung der Ehefrau des E liegen sollte.

Der Streit um den Vermögensbegriff lässt sich an mehreren Stellen im Aufbau führen. Es geht eigentlich um den Schutzbereich des § 263.

Ob derartige Arbeitsleistungen strafrechtlichen Vermögensschutz genießen, wird unterschiedlich beurteilt.

aa) Nach einem rein wirtschaftlichem Vermögensbegriff sind alle geldwerten Positionen, die in der Wirtschaftsordnung einen wirtschaftlichen Wert haben, vom Vermögensstrafrecht geschützt.[169] Andere rechtliche Wertungen ändern demnach nichts an einem wirtschaftlichen Wert des jeweiligen Gutes, sondern können es allenfalls – wie etwa bei Hehlerware deutlich wird – weniger wert erscheinen lassen. Nach dieser Auffassung hat sogar die Arbeitskraft eines Lohnmörders Vermögenswert, da es auch dafür einen illegalen Markt gibt.

bb) Der sogenannte juristisch-ökonomische Vermögensbegriff grenzt all jene Vermögenspositionen aus dem strafrechtlich-wirtschaftlichen Schutz aus, die „juristisch" zu missbilligen sind bzw. keine zivilrechtliche Beständigkeit besitzen. Die Einheit der Rechtsordnung gebiete insoweit, dass das Strafrecht die zivilrechtlichen Wertungen beachtet.[170] Danach hätte der K keinen Vermögensschaden erlitten, da seine „vertraglich" zugesicherte Arbeitsleistung verboten und das Rechtsgeschäft damit nichtig war gemäß § 134 BGB.

cc) Auch die Rspr., die weiterhin vom wirtschaftlichen Vermögensbegriff ausgeht,[171] nimmt im Einzelfall normative Korrekturen des geschützten Vermögens vor. So ist die Arbeitsleistung nicht geschützt, wenn diese zu

168 Fischer § 263 Rn. 100 m.w.N.
169 Vgl. BGHSt 2, 364; weitere Nachweise bei Wessels/Hillenkamp/Schuhr BT 2 Rn. 531.
170 Wessels/Hillenkamp/Schuhr BT 2 Rn. 534 ff. m.w.N.
171 Siehe etwa BGH, Urt. v. 16.08.2017 – 2 StR 335/15, BeckRS 2017, 123966, Rn. 19 ff. A.A. BGH RÜ 2016, 644; Ladiges wistra 2016, 479 ff.

sitten- oder gar gesetzeswidrigen Zwecken erbracht wird, auch wenn sie wirtschaftlich gesehen, einen Wert hat.[172] Dafür spricht, dass es vor dem Hintergrund der Widerspruchsfreiheit der Rechtsordnung nicht gerechtfertigt ist, faktische Vermögenspositionen, die das Recht ansonsten nicht anerkennt bzw. sogar strafrechtlich missbilligt, im Rahmen des Vermögensstrafrechts zu schützen. Das Vorenthalten des Killerlohns hätte daher keinen Vermögensschaden begründet, wenn E den K nach „erfolgreicher" Tat um seine Bezahlung geprellt hätte.

Damit fehlt der Tatentschluss des E zur Begehung eines Betruges gegenüber K.

E hat sich nicht wegen versuchten Betruges strafbar gemacht.

Konkurrenzen und Ergebnis für E: E ist wegen versuchter Anstiftung zum Totschlag gemäß §§ 212 Abs. 1, 30 Abs. 1 sowie wegen versuchter Anstiftung zum Mord gemäß §§ 211, 30 Abs. 1 strafbar. Die versuchte Anstiftung zum Mord verdrängt die versuchte Anstiftung zum Totschlag, sodass E letztlich aus §§ 211, 30 Abs. 1 strafbar ist.

B. Strafbarkeit des K

I. K könnte sich wegen des **Sichbereiterklärens zum Totschlag** gemäß **§§ 212 Abs. 1, 30 Abs. 2** strafbar gemacht haben, als er gegenüber dem E erklärte, er werde die F töten.

1. Dann müsste sich K dazu bereit erklärt haben, ein **Verbrechen zu begehen**.

a) Die Tötung der F wäre als verwirklichter Totschlag gemäß § 212 Abs. 1 mit der Strafandrohung nicht unter fünf Jahren Freiheitsstrafe ein Verbrechen i.S.v. § 12 Abs. 1.

b) Hierzu müsste sich K **bereit erklärt** haben. Dafür ist die ernsthafte Kundgabe der Bereitschaft zur Begehung des Verbrechens gegenüber einer anderen Person erforderlich, wonach der Erklärende dem Empfänger gegenüber „im Wort steht" und deshalb nicht mehr uneingeschränkt von seinem Tatentschluss zurückstehen kann.[173] Da K jedoch von Beginn an nicht vorhatte, die F zu töten, fehlte es an der ernst gemeinten Kundgabe der Totschlagsbegehung.

Eine Bestrafung des K gemäß §§ 212 Abs. 1, 30 Abs. 2 scheidet mithin aus.

II. K könnte sich wegen eines **Betruges** zulasten des E gemäß **§ 263 Abs. 1** strafbar gemacht haben, indem er 1.000 € als Vorschuss für die Tötung kassierte.

1. K täuschte E über seine Bereitschaft, die Tötung durchzuführen. Dadurch entstand in E ein entsprechender Irrtum, der ihn veranlasste, eine Vermögensverfügung i.H.v. 1.000 € zu treffen, indem er diesen Betrag an K auszahlte.

2. Fraglich ist, ob E in Höhe dieser 1.000 € einen **Vermögensschaden** erlitten hat.

---

172 BGH NStZ 2001, 534; NStZ-RR 2009, 106, 107.
173 Fischer § 30 Rn. 10.

a) Im Rahmen des juristisch-ökonomischen Vermögensbegriffes ist ein derartiger Schaden abzulehnen, da der Tatbestand des Betruges einen Eingriff in das rechtlich geschützte Vermögen voraussetzt.[174] Ein solcher liege aber nicht vor, wenn der Getäuschte zu der tatsächlich sein Vermögen mindernden Aufwendung durch die Vorspiegelung einer Gegenleistung bestimmt worden ist, die eine unsittliche oder unerlaubte Handlung ausmachen würde. Der Staat könne die Verletzung solcher Verträge, denen er überhaupt die rechtliche Anerkennung versagt, nicht strafrechtlich ahnden. Ferner wird argumentiert, der Getäuschte schädige sich wegen seiner Kenntnis von der rechtlichen Unwirksamkeit des Geschäfts bewusst selbst, wenn er wegen der Nichtigkeit des Vertrages „auf eigene Gefahr" leistet; daher sei er nicht schutzwürdig.[175]

Beachte den Unterschied: Bei dem Betrugsversuch zulasten des E ging es darum, ob dessen Arbeitsleistung überhaupt Vermögenswert besitzt. Bei dem Betrug zulasten des E geht es um die Frage, ob Vermögen allein durch den Einsatz zu verbotenen Zwecken zu „Nichtvermögen" werden kann.

Nach dieser Ansicht lag bei E kein Vermögensschaden vor.

b) Zu einem anderen Ergebnis gelangt man insbesondere, wenn man vom wirtschaftlichen Vermögensbegriff ausgeht.[176] Danach ist das Vermögen des E um 1.000 € geschmälert worden, ohne eine Gegenleistung erhalten zu haben. Ein Vermögensverlust könne nicht deshalb verneint werden, weil das Verlorene gemäß § 817 S. 2 BGB nicht im Rechtswege zurückverlangt werden könne. Im Gegenteil müsse derjenige, der nicht die Möglichkeit hat, nachträglich einen Ausgleich seines Verlustes zu erreichen, erst recht als strafrechtlich geschädigt gelten. Im Übrigen seien die Unterschiede zwischen dem Privat- und dem Strafrecht daraus zu erklären, dass die Aufgaben der beiden Rechtsordnungen völlig verschiedenartig seien. Aber auch Vertreter eines stärker normativ geprägten Vermögensbegriffs meinen, die Verfolgung verbotener Zwecke durch den Getäuschten könne kein Freibrief für den Schädiger sein, sich die Vermögenswerte, die der Getäuschte zu unerlaubten Zwecken riskiert, zu eigenem Nutzen zu verschaffen.[177]

Nach dieser Ansicht hat E einen Vermögensschaden erlitten.

c) Auf den ersten Blick scheint es konsequent zu sein, dem E den Vermögensschutz zu versagen, wenn auch die gesetzeswidrige Arbeitsleistung des K vermögensstrafrechtlich nicht geschützt wird. Jedoch geht es bei E um die Weggabe „guten Geldes", das grundsätzlich – anders als die Arbeitsleistung des Auftragmörders – von der Rechtsordnung gebilligt wird. Es überzeugt nicht, denjenigen schutzlos zu stellen, weil er mit seinen Vermögenswerten rechtlich missbilligte Zwecke verfolgt.[178]

Auch ein anderslautendes Ergebnis ist an dieser Stelle dogmatisch sehr gut vertretbar, wenn man bedenkt, dass für die Entlohnung eines Verbrechens bereitgestellte Geld nach § 74 Abs. 1 Alt. 2 eingezogen werden kann.

Damit war bei E ein Vermögensschaden eingetreten.

3. K handelte auch vorsätzlich, mit **Absicht rechtswidriger Bereicherung, rechtswidrig** und **schuldhaft** und hat sich damit wegen Betruges strafbar gemacht.

Ergebnis für K: K ist strafbar wegen Betruges zum Nachteil des E gemäß § 263 Abs. 1.

---

174 Hecker JuS 2001, 228 ff. m.w.N.
175 Sch/Sch/Perron § 263 Rn. 150.
176 Vgl. BGHSt 48, 311, 329; BGH NJW 2002, 2117.
177 So KG NJW 2001, 86 f. m.w.N.
178 Rengier BT I § 13 Rn. 145; Wessels/Hillenkamp/Schuhr BT 2 Rn. 565 f.

Fall 20: Vermögensschaden bei objektivem Verkehrswert – „Plagiatsfelgen-Fall"

(BGH RÜ 2012, 708)

A handelte auf einer Online-Plattform mit Reifen und Felgen zum Komplettpreis. Er behauptete in der Artikelbeschreibung bewusst wahrheitswidrig, dass es sich um hochwertige Porsche-Originalfelgen handle. In Wirklichkeit bot er Plagiate an, auf die lediglich das Porscheemblem aufgebracht war. A hatte diese für 800 € pro Felgensatz in Italien erworben. Die Felgen, die keine Freigabe des Kraftfahrbundesamtes besaßen, waren außerdem von A mit einer falschen Prüfnummer versehen worden. In der Folge veräußerte A einen Felgensatz an den gutgläubigen Käufer K für 1.000 €, der die Felgen an seinen Porsche montieren wollte. Diesen Preis war der Felgensatz objektiv auch wert, während Porsche-Originalfelgen 500 € mehr kosten würden. Im Übrigen war es sehr unwahrscheinlich, dass das Kraftfahrzeugbundesamt aufgrund der gefälschten Prüfnummer die Plagiatsfelgen zulassen würde.

Wie hat sich A nach dem StGB strafbar gemacht? Regelbeispiele sind nicht zu prüfen.

Die Täuschung geschieht hier bereits bei Vertragsschluss als Eingehungsbetrug. Dieser bildet in der fortwirkenden Täuschung bei Vertragserfüllung als sog. unechter Erfüllungsbetrug eine wirtschaftliche Einheit.

I. A könnte sich **wegen Betruges** gemäß **§ 263 Abs. 1** gegenüber und zulasten des K strafbar gemacht haben, indem er angab, es handele sich um Originalfelgen, und den Plagiatsfelgensatz an K lieferte.

1. A hat K darüber **getäuscht**, dass es sich um einen originalen Felgensatz der Marke Porsche handelt, während es tatsächlich nachgemachte Felgen waren. Es handelt sich nicht nur um die Täuschung hinsichtlich des Wertes, sondern in Bezug auf die Originalität auch um eine verkehrs- und wertwesentliche Eigenschaft, mithin eine Tatsache.

2. K glaubte den Angaben des A hinsichtlich der Originalität des Felgensatzes und unterlag einem entsprechenden **Irrtum.**

3. K müsste daraufhin eine **Vermögensverfügung** vorgenommen haben. Eine solche liegt in jedem Tun oder Unterlassen, das sich unmittelbar vermögensmindernd auswirkt. K verpflichtete sich zunächst, den Kaufpreis in Höhe von 1.000 € zu zahlen, und zahlte den Kaufpreis dann auch an A. Er hat damit über sein Vermögen verfügt.

4. K müsste auch ein **Vermögensschaden** entstanden sein. Insbesondere könnte ein Schaden ausgeschlossen sein, da K im Rahmen der Erfüllung des Kaufvertrages den Felgensatz bekam, der einen objektiven Wert von 1.000 € hatte. Da A bereits bei Vertragsschluss täuschte, handelte es sich zunächst um einen Eingehungsbetrug, wobei es aufgrund der vollzogenen Leistungserbringung auf die ausgetauschten Leistungen ankommt. Es liegt dann eine einheitliche Betrugstat vor (sog. unechter Erfüllungsbetrug).[179]

a) Der BGH hat einen Vermögensschaden verneint, wenn die gelieferte gefälschte Ware ihren Preis objektiv noch wert ist und daher der Käufer eine ausreichende Kompensation erhält. Es sei regelmäßig unerheblich, dass

179 BGH RÜ 2012, 708, 709.

die gelieferte Ware von geringerem Wert als die vertraglich vereinbarte ist. Daher sei auch beim Fehlen einer vom Käufer fälschlich zugesicherten Eigenschaft der Kaufsache der Käufer nicht stets und ohne Rücksicht darauf, ob die Sache trotz Fehlens der zugesicherten Eigenschaft den vereinbarten Preis wert ist, geschädigt.[180]

Demnach wurde K angesichts des objektiven Wertes des Felgensatzes nicht geschädigt.

b) Andere verweisen beim unechten Erfüllungsbetrug darauf, dass der Verkäufer einen echten Erfüllungsbetrug begehen würde, wenn er sich erst bei der Erfüllung zur Täuschung entschließen würde und dann nicht die vertragsgemäße Leistung erbringt. Derjenige, der von Anfang an täuscht, dürfe aber nicht besser gestellt werden.[181]

Da A statt der geschuldeten Porsche-Felgen lediglich einen nachgemachten Felgensatz, mithin nicht das vertraglich Geschuldete lieferte, wäre K danach in der Höhe der Wertdifferenz zu den vertraglich geschuldeten Porsche-Felgen geschädigt.

c) Ein Streitentscheid wäre jedoch entbehrlich, wenn aus anderen Gründen bei K ein Vermögensschaden eingetreten war. Ein solcher könnte sich trotz der Lieferung unter dem Gesichtspunkt eines **persönlichen Schadenseinschlags** ergeben. Dies ist der Fall, wenn die Leistung für den Getäuschten bei objektiver Beurteilung nicht oder nicht in vollem Umfang zu dem vertraglich vorausgesetzten Zweck brauchbar ist und sie auch nicht in anderer zumutbarer Weise verwendet werden kann.[183]

Im Originalfall war nach den Feststellungen des Tatgerichts nicht ausgeschlossen, dass die Felgen im Verkehr zugelassen werden konnten, sodass der BGH einen Vermögensschaden verneinte.[182]

Wenn es sich auch um einen genehmigungsfähigen Felgentyp gehandelt hat, war es K aufgrund der gefälschten Prüfnummer kaum möglich, eine Zulassung vom Kraftfahrzeugbundesamt zu erhalten. Die Felgen waren damit für ihn trotz ihres objektiven Wertes nutzlos, da er sich nicht wie geplant an sein Fahrzeug montieren konnte. Somit lag ein Vermögensschaden in voller Höhe des gezahlten Kaufpreises vor.

5. A handelte **vorsätzlich**, mit der **Absicht rechtswidriger Bereicherung** sowie **rechtswidrig** und **schuldhaft**.

A hat sich wegen Betruges nach § 263 Abs. 1 strafbar gemacht.

II. Die gefälschte Prüfnummer auf den Felgen als Bezugsobjekt verkörpert die behördliche Gedankenerklärung der Zulassung für den Rechtsverkehr und lässt die Prüfstelle als scheinbaren Aussteller erkennen. Es liegt in dieser festen Verbindung ein Beweiszeichen als **zusammengesetzte Urkunde** vor.[184] Diese ist **unecht**, weil A tatsächlich der Aussteller ist. A hat daher eine unechte Urkunde hergestellt und gebraucht. Herstellung und Gebrauch bilden ein einheitliches Delikt der **Urkundenfälschung** gemäß **§ 267 Abs. 1.**

Ergebnis: A hat sich tateinheitlich wegen Betruges und Urkundenfälschung strafbar gemacht, §§ 263 Abs. 1, 267 Abs. 1, 52.

---

180 BGH RÜ 2012, 708, 709.
181 Sch/Sch/Perron § 263 Rn. 137 m.w.N.
182 BGH RÜ 2012, 708, 710.
183 Vgl. BGH RÜ 2012, 708, 710.
184 Vgl. Fischer § 267 Rn. 5 ff.

Fall 21: Vermögensschaden trotz gutgläubigen Eigentumserwerbs (BGH RÜ 2015, 584)

M, der eine Autovermietung betrieb, und X vereinbarten, einen an die Bank sicherungsübereigneten BMW in betrügerischer Absicht ins Ausland zu verkaufen. Das Fahrzeug sollte zuerst formal an einen Mittelsmann unter falschem Namen und mit gefälschten Papieren vermietet werden und anschließend von X unter Vorlage gefälschter Fahrzeugpapiere veräußert werden. Danach sollte M das Fahrzeug bei der Polizei als gestohlen melden und sodann zusammen mit X mittels GPS-Ortung unter Einschaltung der örtlichen Polizei zurückerlangen. Das Rückzahlungsbegehren des Erwerbers würde wegen der gefälschten Papiere ins Leere laufen. Über den formalen Mieter gelangte der Wagen zu X. Über ein Internetportal bot X den BMW zum Verkauf an. Es fand sich ein Käufer in Polen, der G. Veräußerung und Übergabe des Autos erfolgten zu einem Kaufpreis von 42.000 €. Dabei spiegelte X seine Eigentümerstellung vor, übernahm die Rolle des Verkäufers und Eigentümers und übergab den Wagen mit den gefälschten Papieren. G brachte den Wagen nach Polen. Jetzt veranlasste M seine nicht eingeweihte Tochter, bei der deutschen Polizei eine Anzeige wegen Unterschlagung des vermieteten BMW zu stellen. Unmittelbar danach fuhren M und X wie geplant nach Polen und fanden den Wagen mittels GPS bei G. M ließ als vermeintlicher Geschädigter einer Unterschlagung das Fahrzeug durch die polnische Polizei bei G sicherstellen und brachte es zurück nach Deutschland.

Wie hat sich M in Deutschland strafbar gemacht?

I. Indem M zusammen mit X den sicherungsübereigneten BMW an G verkauft hat, könnte er sich durch Täuschung des G zu dessen Nachteil in Mittäterschaft **wegen Betruges** nach **§§ 263 Abs. 1, 25 Abs. 2** strafbar gemacht haben.

1. M selbst hat niemanden getäuscht. Er musste sich jedoch die **Täuschung** des G durch X nach § 25 Abs. 2 **als Mittäter zurechnen lassen**. M und X haben arbeitsteilig und planmäßig in einem gemeinsamen Tatplan gleichberechtigt zusammengearbeitet. Beim Verkauf des BMW spiegelte X dem Erwerber G seine Eigentümerstellung und Verfügungsberechtigung über den Wagen vor, die er mit den gefälschten Papieren belegt hat. Das veranlasste G irrtumsbedingt zur **Vermögensverfügung** über die 42.000 €.

2. Fraglich ist, ob G einen **Vermögensschaden** erlitten hat. Ein Vermögensschaden tritt ein, wenn die Vermögensverfügung des Getäuschten bei wirtschaftlicher Betrachtungsweise unmittelbar zu einer nicht durch Zuwachs ausgeglichenen Minderung des Gesamtwertes seines Vermögens führt (Prinzip der Gesamtsaldierung).[185] Ausgehend vom juristisch-ökonomischen Vermögensbegriff ist bei der Schadensbestimmung zu beachten, dass bei wirtschaftlicher Betrachtungsweise auch die hohe Wahrscheinlichkeit späterer Verluste **als sog. schadensgleiche Vermögensgefähr-**

---

185 Fischer § 263 Rn. 111 m.w.N.

dung das Vermögen unmittelbar mindert.[186] Das Vermögen des G hat sich durch die Kaufpreiszahlung um 42.000 € vermindert, könnte jedoch durch den Erhalt des BMW wieder ausgeglichen worden sein.

a) Vorliegend scheiterte ein Vermögensschaden möglicherweise daran, dass G Eigentümer des BMW geworden ist. Zwar veräußerten M und X ein sicherungsübereignetes Fahrzeug, dennoch wurde G Eigentümer des nicht abhanden gekommenen Wagens im Wege gutgläubigen Eigentumserwerbs nach §§ 932 ff. BGB. Allerdings ist der gutgläubige Erwerber dem Risiko ausgesetzt, dass der ursprüngliche Eigentümer ihn auf Herausgabe verklagt. Umstritten ist, ob ein solches **zivilrechtliches Prozessrisiko**, das auf dem gutgläubig erworbenen Gegenstand ruht, das Vermögen unmittelbar mindert. Ein Vermögensschaden ist nach dem BVerfG vorrangig nach wirtschaftlichen Gesichtspunkten zu bestimmen und zu beziffern.[187] Das gilt auch und erst recht für eine sog. schadensgleiche konkrete Vermögensgefährdung als Vermögensschaden. Das Zivilrecht ist eindeutig. Der gutgläubige Erwerb ist wirtschaftlich nicht weniger wert als der Erwerb vom Berechtigten. Eigentum ist Eigentum. Daher ist ein Vermögensschaden allein aus der Belastung mit einem – normalen – Prozessrisiko abzulehnen.[188]

Die früher vom RG vertretene sog. Makeltheorie, nach welcher der gutgläubige Erwerb eben sittlich bemakelt und daher nicht wirtschaftlich gleichwertig ist, sollte heute allenfalls noch kurz angesprochen und dann verworfen werden.

b) Hier könnte man einen wirtschaftlichen Vermögensschaden darin sehen, dass M und X von vornherein den Plan verfolgten, sich den BMW wieder zu beschaffen, da sie wussten, dass G aufgrund der gefälschten Papiere kaum eine Chance hatte, sich gegen eine polizeiliche Sicherstellung zu wehren. Fraglich ist, ob die Belastung des Wagens mit dem „kriminellen Rückholplan" das Vermögen derart konkret gefährdet, dass es wirtschaftlich gemindert ist.

Merken Sie sich, dass der gutgläubige Eigentumserwerb im Grundsatz eine ausreichende Kompensation darstellt, jedoch kann im Einzelfall dennoch eine schadensgleiche Vermögensgefährdung vorliegen.

Dagegen könnte argumentiert werden, dass noch eine weitere Handlung, nämlich die Einschaltung der polnischen Polizei, notwendig war, um dem G den Besitz am Fahrzeug wieder zu entziehen. Insoweit könnte es sich eher um einen Diebstahl in mittelbarer Täterschaft handeln.[189]

Nach dem BGH hat der Käufer allerdings bei wirtschaftlicher Betrachtung lediglich eine für ihn im Ergebnis wertlose Besitzposition erlangt. Die hohe Wahrscheinlichkeit des anschließenden Verlustes begründe eine schadensgleiche Vermögensgefährdung in voller Höhe des Kaufpreises schon zum Zeitpunkt der Vermögensverfügung.[190] Dafür spricht, dass G aufgrund der gefälschten Papiere keine aussichtsreiche Möglichkeit hatte, sich gegen die Entziehung des Fahrzeugs zu wehren.

Damit war ein Vermögensschaden in Höhe von 42.000 € bei G eingetreten.

3. M handelte **vorsätzlich**, mit der **Absicht rechtswidriger Bereicherung** sowie **rechtswidrig** und **schuldhaft**.

Er hat sich somit wegen Betrugs in Mittäterschaft strafbar gemacht.

---

186 Siehe statt vieler BGH RÜ 2017, 100, 101; weiterführend m.w.N. AS-Skript Strafrecht BT 1 (2018), Rn. 342 f.

187 BVerfG RÜ 2010, 638.

188 BGH NStZ 2013, 37; RÜ 2015, 584.

189 Vgl. Kudlich JA 2015, 947, 949.

190 BGH RÜ 2015, 584.

II. M könnte sich **wegen Untreue nach § 266 Abs. 1** zum Nachteil der Bank strafbar gemacht haben, indem er ein Fahrzeug verkauft hat, das er der Bank zur Sicherheit übereignet hatte. Dann müsste M eine **Vermögensbetreuungspflicht** inne gehabt haben.

Eine **Vermögensbetreuungspflicht** verlangt, dass dem Anvertrauten eine **fremdnützige Fürsorgepflicht** über das Vermögen des Anvertrauenden als **Hauptpflicht** auferlegt ist, die ihm ein Maß an Selbständigkeit und Dispositionsmacht gewährt.[191] Nicht jede zivilrechtliche Vertragsbeziehung begründet eine Vermögensbetreuungspflicht, nicht jede zivilrechtliche Vertragsverletzung ist die Verletzung einer solchen. Es gilt ein restriktiver Maßstab zur Bestimmung dieser untreuespezifischen Garantenstellung. Sicherungsabreden sind dem Wesen nach eigennützig und legen keiner Partei vermögensfürsorgerische Pflichten auf, sodass eine Vermögensbetreuungspflicht eine ausdrückliche Vereinbarung voraussetzt.[192] Da dafür jedoch nichts ersichtlich ist, hatte M keine Vermögensbetreuungspflicht.

M hat sich nicht wegen Untreue strafbar gemacht.

III. Durch die Veräußerung des BMW an G hat sich M **wegen gemeinschaftlicher veruntreuender Unterschlagung nach §§ 246 Abs. 1, Abs. 2, 25 Abs. 2** zulasten der Bank strafbar gemacht, da er sich das eigentümergleiche Auftreten des X als eine eindeutige Manifestation des Zueignungswillens zurechnen lassen muss. Im Übrigen stand M als Sicherungsgeber im Verhältnis zur Bank als Sicherungsnehmerin in einer Anvertrauensbeziehung gemäß § 246 Abs. 2, da die Sicherungsabrede ihn dazu verpflichtete, die Sache nur zu bestimmten Zwecken im Sinne des Anvertrauenden zu verwenden. Für M gilt daher gemäß § 28 Abs. 2 die Strafschärfung nach § 246 Abs. 2.

IV. Eine mögliche **Falschverdächtigung** nach **§ 164 Abs. 1 in mittelbarer Täterschaft** (§ 25 Abs. 1 Alt. 2) des M durch seine Tochter muss sich auf eine konkrete andere Person beziehen, deren Ermittlung möglich ist.[193] Eine namenslose Anzeige genügt dem nicht, zumal der formale Mieter falsche Papiere hatte.

V. Möglicherweise hat sich M **wegen des Vortäuschens einer Straftat in mittelbarer Täterschaft** gemäß **§§ 145 d Abs. 1 Nr. 1, 25 Abs. 1 Alt. 2** strafbar gemacht, indem er seine gutgläubige Tochter zu einer Strafanzeige wegen Unterschlagung durch einen Mieter veranlasst hat.

1. Die Polizei ist nach § 158 StPO **eine zur Entgegennahme von Anzeigen zuständige Stelle**. Da die Tochter des M gutgläubig war, muss sich M ihre Anzeige als mittelbarer Täter in Form der Irrtumsherrschaft zurechnen lassen.

2. Fraglich ist, ob in diesem Verhalten **das Vortäuschen einer begangenen rechtswidrigen Tat** gegeben ist. Ein Vortäuschen liegt vor, wenn ein erdichteter Sachverhalt geschildert wird. Vorliegend lag jedoch mit dem Handeln von M und X eine Unterschlagung zulasten der Bank vor. Gegenstand der Strafanzeige dagegen war eine – erfundene – Unterschlagung ei-

---

191 OLG Hamm RÜ 2015, 374.

192 Vgl. Fischer § 266 Rn. 23, 48.

193 OLG Stuttgart RÜ 2018, 306; Fischer § 164 Rn. 7.

nes Mieters des BMW. Mag auch das Delikt identisch sein, wurde die Polizei doch auf eine falsche Fährte geführt. Es genügt für die Strafbarkeit nach § 145 d Abs. 1 Nr. 1, **wenn eine tatsächlich begangene Straftat durch die Anzeige ein im Kern anderes Gepräge erhält.**[194] Durch die Veränderung des vermeintlichen Täters erhält eine angezeigte Straftat ein vollkommen anderes Gepräge. Es besteht die naheliegende Möglichkeit, dass von den Ermittlungsbehörden unnötige Maßnahmen ergriffen werden. Daher lag vorliegend ein Vortäuschen einer Straftat vor.

3. M handelte **wider besseren Wissens, rechtswidrig und schuldhaft**.

M hat sich wegen Vortäuschens einer Straftat in mittelbarer Täterschaft (§§ 145 d Abs. 1 Nr. 1, 25 Abs. 1 Alt. 2) strafbar gemacht.

VI. Darüber hinaus hat sich M **wegen des gemeinschaftlichen Gebrauchens einer unechten Urkunde** – die gefälschten Fahrzeugpapiere – gemäß §§ 267 Abs. 1, 25 Abs. 2 strafbar gemacht.

Konkurrenzen und Ergebnis: M hat sich wegen gemeinschaftlicher veruntreuender Unterschlagung zum Nachteil der Bank gemäß §§ 246 Abs. 2, 25 Abs. 2 in Tateinheit mit gemeinschaftlichen Betruges nach §§ 263 Abs. 1, 25 Abs. 2 und gemeinschaftlicher Urkundenfälschung nach §§ 267 Abs. 1, 25 Abs. 2 sowie wegen Vortäuschens einer Straftat in mittelbarer Täterschaft gemäß §§ 145 d Abs. 1 Nr. 1, 25 Abs. 1 Alt. 2 strafbar gemacht. Letzteres steht in Tatmehrheit (§ 53).

---

194 BGH RÜ 2015, 584, 587.

5. Teil: Computerbetrug

Fall 22: Abhebung am Geldautomaten
(OLG Dresden StV 2005, 443)

A freundete sich mit der Y an. Die einfach strukturierte Y fasste sehr schnell Zutrauen zu ihm und vertraute ihm ihre Bankkarte nebst PIN an. Eine Befugnis, über das Konto der Y bei der Sparkasse zu verfügen, hatte A nicht, was er auch wusste. Er erhielt die Bankkarte lediglich, um entweder im Auftrag der Y Kontoauszüge zu holen oder in deren Beisein Haushaltsgeld vom Konto abzuheben. Trotzdem hob er mit der Karte unter Verwendung der PIN am Geldautomaten der Sparkasse vom Konto der Y 1.000 € ab. Danach warf er die Karte in den Briefkasten der Y und verschwand spurlos aus ihrem Leben. Strafbarkeit des A? § 269 ist nicht zu prüfen.

I. A könnte sich wegen **Computerbetrugs** gemäß **§ 263 a Abs. 1** gegenüber der Sparkasse und zulasten der Y strafbar gemacht haben, indem er die 1.000 € für eigene Zwecke abhob.

1. Durch das Einführen der Bankkarte und die Eingabe der PIN könnte A **Daten unbefugt verwendet** haben i.S.v. § 263 a Abs. 1 Var. 3.

a) Der Begriff der **Daten** ist bei § 263 a Abs. 1 von dem des § 202 a Abs. 2 zu unterscheiden und weiter zu fassen. Daten i.S.v. § 263 a sind kodierte Informationen in einer im Wege automatisierter Verarbeitung nutzbaren Darstellungsform. Ausreichend ist hierfür eine Kodierung jedenfalls im Moment der Eingabe.[195] Auf der Bankkarte waren Informationen zum Konto usw. gespeichert, zugleich war die PIN als personalisiertes Sicherheitsmerkmal (vgl. § 675 l Abs. 1 BGB) ein Datum. Durch die Eingabe der entsprechenden Informationen in den Geldautomaten hat S diese Daten verwendet.[196]

b) Fraglich ist, ob die Verwendung auch **unbefugt** war. Wie dieses Tatbestandsmerkmal zu bestimmen ist, ist umstritten.

aa) Nach einer **subjektivierenden Auffassung** kommt es auf den Willen des Betreibers der Datenverarbeitungsanlage oder desjenigen an, der über die Daten verfügungsberechtigt ist. Unbefugt ist eine Datenverwendung, wenn sie dem wirklichen oder dem mutmaßlichen Willen der genannten Personen widerspricht.[197] Das Abheben der 1.000 € entsprach weder dem Willen der Y noch dem der Sparkasse, da die Weitergabe von personalisierten Sicherheitsmerkmalen und der Bankkarte an andere Personen die sichere Abwicklung automatisierter Zahlungsvorgänge gefährdete. Danach hat A also unbefugt Daten verwendet.

bb) Nach einem sog. **computerspezifischen Ansatz**, der in verschiedenen Ausprägungen vertreten wird, muss der Täter entweder eine Zugangsbeschränkung, die im Datenverarbeitungsvorgang angelegt ist, überwinden oder in technisch unzulässiger Weise auf den Datenverarbeitungsvorgang

195 Fischer § 263 a Rn. 3.
196 Vgl. zur Datenverwendung bei Abhebevorgängen Rengier BT I § 14 Rn. 25.
197 NK-Kindhäuser § 263 a Rn. 27.

einwirken.[198] Ersteres hat A getan, indem er durch die Eingabe der PIN vorgab, eine Zugriffsberechtigung auf das Konto zu haben. Weiterhin hat er den Automaten technisch ordnungsgemäß bedient, aber nicht etwa durch eine Datenmanipulation zur Auszahlung veranlasst, sodass nach der letztgenannten Auffassung keine unbefugten Datenverwendung gegeben ist.

cc) Die h.M. folgt überzeugend einer **betrugsspezifischen Auslegung**, die sich an der Täuschung des Betrugs orientiert.[199] Dafür spricht, dass der Gesetzgeber durch die Einführung des § 263 a Abs. 1 Strafbarkeitslücken schließen wollte, die dadurch entstanden waren, dass § 263 menschliche Entscheidungsprozesse voraussetzt, die bei dem Einsatz von EDV-Anlagen fehlen. Der Computerbetrug ist daher struktur- und wertgleich mit dem Betrug, jedoch sollte die Strafbarkeit nicht ausgedehnt werden, indem etwa im Sinne einer missbräuchlichen Verwendung von Daten eine allgemeine „Computeruntreue" eingeführt werden würde. Unbefugt ist eine Datenverwendung, wenn sie gegenüber einer natürlichen Person Täuschungscharakter hätte. Wie sich die erforderliche Täuschungsäquivalenz im Einzelnen bestimmt, ist streitig. Teilweise wird bei der Abhebung am Geldautomaten auf einen fiktiven Bankangestellten abgestellt, der die Interessen der Bank umfassend wahrzunehmen hat. Überwiegend wird hingegen vertreten, die fiktive Person dürfe nur das prüfen, was vom Prüfprogramm des Automaten umfasst sein.[200]

Die missbräuchliche Benutzung der vom Berechtigten mitsamt der Geheimnummer erlangten Bankkarte bei Abhebungen hat danach keine Täuschungsäquivalenz. Denn bei einer freiwilligen Überlassung von PIN und Bankkarte besteht tatsächlich eine Außenvollmacht, auch wenn diese im Innenverhältnis vom Täter überschritten wird.[201] Über diese Frage macht sich der Geldautomat jedoch keine „Gedanken", sondern für ihn sind Identität und Berechtigung des Abhebenden mit der Eingabe der echten Bankkarte und der zugehörigen Geheimnummer hinreichend festgestellt. Unbefugt handelt danach nur derjenige, der manipulierte bzw. kopierte Daten verwendet oder sich Karte und PIN durch Diebstahl oder Nötigung verschafft hat.[202]

A.A. ist auch auf Basis der betrugsspezifischen Auslegung vertretbar. Teilweise wird eine Bankvollmacht bei Aushändigung von PIN und Bankkarte verneint (Rengier BT I § 14 Rn. 34). Weiterhin hat auch der BGH in einem obiter dictum ausgeführt, dass Computerbetrug in Betracht komme, wenn die Bevollmächtigung Dritter ausgeschlossen ist (BGH NStZ-RR 2017, 79), wie dies nach dem Zahlungsdiensterecht eigentlich der Fall ist (weiterführend Ladiges wistra 2017, 255 ff.).

Somit hat A lediglich die Vorgaben der Y überschritten, aber nicht einen fiktiven Bankangestellten getäuscht. Er hat damit keine Daten unbefugt verwendet.

Er hat sich nicht wegen Computerbetrugs strafbar gemacht.

II. Ein **Betrug** gemäß **§ 263 Abs. 1** gegenüber und zulasten der Y scheidet aus, da dem Sachverhalt keine Hinweise zu entnehmen sind, wonach der A schon täuschungsbedingt in den Besitz der Karte gelangt war.[203]

III. A könnte sich wegen **Diebstahls** gemäß **§ 242 Abs. 1** strafbar gemacht haben, indem er die Geldscheine an sich nahm.

---

198 Vgl. zusammenfassend und ablehnend zu dieser Auffassung Rengier BT I § 14 Rn. 17.
199 BGHSt 47, 160, 162 f.; BGH RÜ 2015, 788, 789; Fischer § 263 a Rn. 11 m.w.N.
200 BGHSt 47, 160, 162 f.
201 Vgl. OLG Dresden StV 2005, 443; OLG Koblenz RÜ 2015, 311.
202 BGH RÜ 2015, 788, 789.
203 Vgl. zum Betrug durch Ablisten der Bankkarte und PIN BGH RÜ 2015, 788.

Siehe zur Übereignung am Geldautomaten auch AS-Skript Strafrecht BT 1 (2018), Rn. 423.

1. Die **Fremdheit** der Geldscheine folgt daraus, dass die Sparkasse nur an den tatsächlichen berechtigten Kontoinhaber, hier also die Y, das Eigentum an den Geldscheinen übertragen wollte.[204] Daher konnte A durch den Abhebevorgang kein Eigentum erwerben.

2. Fraglich ist aber, ob A die Scheine **weggenommen** hat. Er hat einerseits die Sachherrschaft der Sparkasse aufgehoben und eine eigene Beherrschungsmöglichkeit durch das Herausnehmen aus dem Geldausgabefach geschaffen. Andererseits ist davon auszugehen, dass ein Geldinstitut einen generellen Übertragungswillen der Sachherrschaft auf denjenigen hat, der Karte und PIN äußerlich korrekt eingibt, unabhängig davon, ob dieser materiell berechtigt war oder nicht.[205] Somit hat A den Gewahrsam nicht gebrochen.

A hat sich nicht wegen Diebstahls strafbar gemacht.

IV. A könnte sich durch das Geldabholen aber gemäß **§ 266 Abs. 1 Alt. 2** wegen **Untreue** strafbar gemacht haben.

Siehe bereits Fall 6.

Dazu müsste er eine **Vermögensbetreuungspflicht** verletzt haben. Unter Vermögensbetreuungspflicht ist eine inhaltlich besonders herausgehobene Pflicht zu verstehen, Vermögensinteressen eines Dritten zu betreuen. Der Täter muss innerhalb eines nicht ganz unbedeutenden Pflichtenkreises im Interesse des Vermögensinhabers tätig und zur fremdnützigen Vermögensfürsorge verpflichtet sein und dabei zumindest einen gewissen eigenständigen Entscheidungsspielraum haben.

Etwas anderes kann freilich gelten, wenn dem Täter weitgehend freie Hand gelassen wird, wann und in welcher Höhe er Kontoverfügungen vornimmt, vgl. OLG Hamm NStZ-RR 2004, 111, 112.

Y hatte A durch Mitteilung der PIN und Übergabe der Karte faktisch eine Zugriffsmöglichkeit auf das Konto eingeräumt. Nach der Vereinbarung sollte A jedoch nur Kontoauszüge holen und im Beisein der Y nach deren Anweisung Geld am Automaten abheben. Es ist nicht ersichtlich, dass A einen eigenständigen Entscheidungsspielraum dahingehend hatte, wie er mit dem Vermögen der Y verfährt. A war zwar verpflichtet, seine Zugriffsmöglichkeit nicht missbräuchlich zu nutzen, jedoch beschränkte sich sein Aufgabenkreis auf rein „mechanische" Tätigkeiten bzw. auf solche, die keine Vermögensrelevanz hatten (wie das Abholen der Kontoauszüge). Somit hatte A keine Vermögensbetreuungspflicht.

Er hat sich folglich nicht wegen Untreue strafbar gemacht.

V. A könnte sich wegen **Unterschlagung** gemäß **§ 246 Abs. 1** strafbar gemacht haben, indem er die Geldscheine an sich nahm.

1. Da die Geldscheine nicht an A übereignet worden sind, waren sie für ihn **fremde bewegliche Sachen**.

Weiterführend zur Zueignungshandlung bei § 246 AS-Skript Strafrecht BT 1 (2018), Rn. 239 ff.

2. A müsste sich die Scheine **zugeeignet** haben. Nach der **(engen) Manifestationstheorie** (h.M.) ist dafür erforderlich, dass der Täter seinen Zueignungswillen durch eine nach außen erkennbare Handlung manifestiert, also deutlich macht, dass er die Sache selbst oder zumindest ihren Sachwert unter Ausschluss des Eigentümers seiner Verfügungsmacht einverleiben will.[206] Indem A die Geldscheine für eigene Zwecke an sich nahm, zeigte er,

---

204 Vgl. BGH RÜ 2018, 102.
205 Vgl. BGH RÜ 2018, 102.
206 BGHSt 34, 309, 312; BGH NStZ-RR 2006, 377; Fischer § 246 Rn. 5 ff. m.w.N.

dass er die Scheine seinem Vermögen zuordnete und damit wie ein Eigentümer verfahren wollte. Somit hat er sich die Scheine zugeeignet.

3. Die **Zueignung** war auch **rechtswidrig**, da A keinen Anspruch auf Übereignung der Scheine hatte.

4. A handelte **vorsätzlich, rechtswidrig** und **schuldhaft**.

Somit hat er sich wegen Unterschlagung durch das Herausnehmen der Scheine strafbar gemacht.

VI. Eine Strafbarkeit nach **§ 266 b Abs. 1** kommt nicht in Betracht, da die Bankkarte keine Kreditkarte und A auch nicht der berechtigte Karteninhaber war.

Straftaten hinsichtlich der Karte an sich kommen nicht in Betracht. Da A die Karte an Y zurückgab, handelte er ohne Zueignungsabsicht nach § 242 Abs. 1 und ohne Nachteilszufügungabsicht nach § 274 Abs. 1.

VII. A könnte sich wegen **Erschleichen von Leistungen** nach **§ 265 a Abs. 1 Var. 1** strafbar gemacht haben, indem er sich die Geldscheine vom Automaten herausgeben ließ.

Streitig ist, ob sog. Warenautomaten, also solche, die körperliche Gegenstände bereitstellen oder herausgeben, vom Automatenbegriff des § 265 a Abs. 1 erfasst sind. Die wohl h.M. verneint dies unter Hinweis der vorrangigen Eigentumsdelikte.[207] Auch wenn dies vom Wortlaut nicht zwingend ist,[208] hat A jedenfalls keine Leistung erschlichen, da er den Geldautomaten durch Eingabe von Bankkarte und PIN technisch korrekt und nicht – wie im Rahmen des § 265 a Abs. 1 Var. 1 erforderlich – in manipulativer Weise bedient hat.[209]

Folglich hat A sich nicht nach § 265 a Abs. 1 Var. 1 strafbar gemacht.

§ 265 a würde ohnehin formell subsidiär hinter der Unterschlagung zurücktreten.

Ergebnis: A hat sich durch das Nehmen der Geldscheine wegen Unterschlagung strafbar gemacht.

207 Vgl. Fischer § 265 a Rn. 11.
208 Rengier BT I § 16 Rn. 3.
209 Vgl. Fischer § 265 a Rn. 14.

Fall 23: „Leerspielen" eines Geldspielautomaten
(KG NStZ-RR 2015, 111)

Die A verbringt viel Zeit in der Spielhalle „Lucky Las Vegas". In den letzten Tagen hat sie an einem Automaten des Typs „Tropical Fruits" viel Geld verloren. Dabei ist ihr zuletzt allerdings aufgefallen, dass die Software des Automaten fehlerhaft arbeitet. Wenn man einen Einsatz von 10 € setzt und unmittelbar danach die Jackpottaste eine Sekunde lang drückt, wechselt der Automat in den sog. Jackpot-Modus, in dem ein Gewinn in Höhe von 1.000 € pro Spiel nahezu sicher ist. Normalerweise bewirkt das Drücken der Jackpot-Taste, dass ein Zufallsgenerator ausgelöst wird, der so programmiert ist, dass bei Drücken die Chance auf ein Spiel im Jackpot-Modus nur etwa 1 zu 500 ist, während andernfalls der Einsatz verloren geht. A beschließt, ihre „Entdeckung" zu nutzen, um ihre früheren Verluste auszugleichen. Innerhalb eines Tages spielt sie die vier „Tropical Fruits"-Automaten in ihrer Stammspielhalle „leer" und gewinnt dabei 8.000 € Bargeld, das sie mit nach Hause nimmt. Strafbarkeit der A? § 123 ist nicht zu prüfen.

I. A könnte sich wegen **Computerbetrugs** gemäß **§ 263 a Abs. 1** strafbar gemacht haben, indem sie nach Erkennen des Programmfehlers durch das „richtige" Drücken der Jackpottaste 8.000 € gewann.

Das einschränkende Verständnis hinsichtlich der Datenverwendung gilt auch für die Tathandlungen nach § 263 a Abs. 1 Var. 1 und 2.

1. Als Tathandlung kommt zunächst eine **unbefugte Verwendung von Daten** nach § 263 a Abs. 1 3. Var. in Betracht. Das Drücken der Jackpottaste hat einen elektronischen Befehl zum Auslösen eines Jackpotspiels bewirkt, sodass A nach einem weiten Verständnis Daten, nämlich solche innerhalb der Datenverarbeitungsanlage, benutzt hat. Allerdings genügt nach überzeugender Auffassung nicht jegliche Datennutzung, sondern der Täter muss „neue" Daten in den Verarbeitungsvorgang einfließen lassen.[210] Daher kann nur darauf abgestellt werden, dass A jeweils einen 10 € Schein in den Automaten eingegeben hat. Geldscheine sind jedoch mangels Kodierung keine Daten. Somit hat A keine Daten verwendet.

2. A könnte den **Ablauf** der Spielautomaten aber durch eine **sonst unbefugte Einwirkung beeinflusst** haben. Eine ausreichende Beeinflussung eines Datenverarbeitungsvorgangs lag vor, da A durch das „richtige" Drücken der Jackpottaste bewirkt hat, dass die Spielautomaten in den Jackpotmodus wechselten. Fraglich ist aber, ob darin auch eine unbefugte Einwirkung zu sehen ist.

Siehe zur Unbefugtheit der Datenverwendung bereits Fall 22.

a) Teile der Rspr., die sonst der betrugsspezifischen Auslegung folgt, bejahen bei der Auffangvariante der sonst unbefugten Einwirkung eine subjektivierende Auslegung. Danach sei hier das Merkmal unbefugt auch nach dem **Willen des Automatenbetreibers** als Inhaber des Rechtsgutes zu bestimmen. Nach dem Erwartungshorizont eines Spielautomatenbetreibers sei ein Spielen nur dann befugt, wenn der Betreiber dieses Spiel ausdrücklich oder stillschweigend gestattet hat oder wenn es seinem mutmaßlichen Willen entspricht.[211] Eine unbefugte Einwirkung liege daher vor,

210 Rengier BT I § 14 Rn. 14, 60; a.A. Hilgendorf JuS 1997, 130, 131.
211 BGHSt 40, 331, 334 f.

wenn der Täter einen fehlerhaft arbeitenden Automaten zu seinem Vorteil bedient. Dabei sei nicht maßgeblich, ob der Täter rechtswidrig vom Fehler Kenntnis erlangt hat.[212] Danach liegt eine unbefugte Einwirkung vor, denn der Automatenbetreiber wollte nicht, dass A die Fehlfunktion der Automaten ausnutzte, um risikolos hohe Gewinne zu erzielen.

b) Andere meinen dagegen, das Merkmal der Unbefugtheit sei in § 263 a Abs. 1 Var. 3 und 4 **gleich auszulegen.**[213] Danach geht es in der 4. Var. um Manipulationsmöglichkeiten, die zwar keine Datenverwendung voraussetzen, aber dennoch **täuschungsäquivalent** sind. Demnach müsste A also einen fiktiven Mitarbeiter, der an Stelle des Automaten handeln würde, getäuscht haben. A hat jedoch lediglich eine bereits bestehende technische Unzulänglichkeit der Spielautomaten ausgenutzt und ansonsten die Geräte technisch ordnungsgemäß bedient. Sie hat nicht programmwidrig gespielt, sich rechtswidrig Kenntnis vom Fehler beschafft oder die Automaten manipuliert. Das Ausnutzen des bestehenden Fehlers war demnach, wie die bloße Ausnutzung eines bereits bestehenden Irrtums, der nicht nach § 263 Abs. 1 strafbar ist, keine unbefugte Einwirkung durch A. Eine konkludente Erklärung, man habe kein überlegenes Wissen, gebe ein Spieler nicht ab, da das Risiko der Fehlfunktion beim Betreiber liege. Eine Täuschungsäquivalenz folge auch nicht aus einer Offenbarungspflicht der A, die keine gesetzliche Pflicht nach § 13 Abs. 1 gehabt habe, den Automatenbetreiber auf die Fehlfunktion hinzuweisen.[214] Demnach hat A also nicht unbefugt auf die Spielautomaten eingewirkt.

Etwas anderes gilt natürlich, wenn der Spieler Sonderkenntnisse rechtswidrig erlangt oder selbst das Geschehen manipuliert hat, vgl. BGH NStZ 2013, 281.

c) Für betrugsäquivalente Auslegung auch der Auffangvariante spricht insbesondere, dass alle Tatvarianten des § 263 a Abs. 1, nicht nur die unbefugte Datenverwendung, strukturell dem Betrug nachgebildet sind. Wenn die Tathandlungen an die Stelle der Täuschung nach § 263 treten sollen, ist es inkonsequent, bei der Auffangvariante auf die Täuschungsäquivalenz zu verzichten. Durch die subjektivierende Auslegung könnten sämtliche Vermögensschädigungen unter Verwendung einer Datenverarbeitungsanlage gegen den Willen des Betreibers erfasst werden, wodurch § 263 a Abs. 1 Var. 4 seine betrugsgleiche Struktur verlieren würde. Es ist nicht einzusehen, dass das Ausnutzen eines Irrtums keinen Betrug darstellt, jedoch das Ausnutzen eines Programmfehlers die Strafbarkeit wegen Computerbetrugs begründen soll.

Prägnant BGH NStZ 2014, 155, 157: „Der Tatbestand des § 263 a ist betrugsäquivalent auszulegen. Maßgebend ist deshalb, ob die Handlung des Täters einer Täuschung i.S.d. § 263 Abs. 1 entspricht."

Mangels unbefugter Einwirkung hat A sich damit nicht wegen Computerbetrugs strafbar gemacht.

II. A könnte sich wegen **Diebstahls** gemäß **§ 242 Abs. 1** strafbar gemacht haben, indem sie das Bargeld den Automaten entnahm.

1. Fraglich ist, ob das Geld für A **fremd** war oder ob sie durch das „Auswerfen" des Bargelds als Gewinn Eigentümerin geworden ist.

a) Anders als bei einer Automatenmanipulation oder beim Spielen mit falschen Münzen, wird bei einer technisch ordnungsgemäßen Nutzung teilweise argumentiert, dass der Automatenbetreiber das ausgegebene Geld

212 OLG Braunschweig NStZ 2008, 402.

213 Siehe etwa KG NStZ-RR 2015, 111; OLG München NJW 2007, 3734, 3737; Sch/Sch/Perron § 263 a Rn. 16; Eisele JuS 2015, 756, 757 f.

214 Vgl. Wessels/Hillenkamp/Schuhr Rn. 617.

an den Spieler übereignen will.[215] Danach wäre A Eigentümerin des Geldes geworden, da sich lediglich einen bestehenden Defekt ausnutzte und ansonsten den Automat korrekt bediente.

b) Nach der Gegenauffassung findet eine Übereignung auch bei äußerlich korrekter Bedienung nur statt, wenn der Automat auch technisch ordnungsgemäß funktioniert, soweit diese Bedingung im Gerät verobjektiviert ist.[216] Ohne die Fehlfunktion wechselte der Automat nur selten in den Jackpotmodus, der den Spielern sichere und hohe Gewinne ermöglichte. Es war erkennbar, dass die Gewinnauszahlung vom Funktionieren der Jackpotfunktion abhängig war, sodass das Geld demnach mangels Übereignungswillens des Automatenbetreibers für A fremd war.

c) Für die zweite Auffassung spricht, dass der Wille des Automatenbetreibers erkennbar nicht darauf gerichtet war, die Spielgewinne bei Fehlfunktionen des Automaten zu übereignen. Somit war das Geld für A fremd.

2. Da A den Spielautomat jedoch äußerlich ordnungsgemäß bedient hat, lag kein Gewahrsamsbruch vor. Anders als bei der Übereignung kommt es beim Einverständnis des Gewahrsamswechsels lediglich darauf an, dass der Spieler den Automaten äußerlich ordnungsgemäß bedient hat.[217] Dies war der Fall, da A den Spieleinsatz in den Automaten eingab und lediglich den Vorteil der Fehlfunktion ausnutzte.

Somit hat sich sie nicht wegen Diebstahls strafbar gemacht.

III. A hat sich aber wegen **Unterschlagung** gemäß **§ 246 Abs. 1** strafbar gemacht, indem sie das Bargeld, an dem sie kein Eigentum erworben hatte, an sich nahm und damit ihren Zueignungswillen nach außen deutlich machte.

IV. Des Weiteren könnte sich A durch das Spielen wegen **Erschleichens von Leistungen** gemäß **§ 265 a Abs. 1 Mod. 1** strafbar gemacht haben.

Unabhängig vom Streit, ob ein Geldspielautomat überhaupt unter den Begriff des Automaten fällt, da er in erster Linie keine Dienstleistung erbringt, sondern zur Erlangung des Bargelds als Gewinn bedient wird,[218] könnte es an der Tathandlung des **Erschleichens** fehlen. Erforderlich ist eine betrugsähnliche Handlung, bei der Sicherungsmechanismen des Automaten, welche die ordnungsgemäße Zahlung und Leistungserbringung sicherstellen sollen, überwunden werden. Das bloße Ausnutzen einer Fehlfunktion genügt nicht.[219] Daher hat A durch das technisch ordnungsgemäße Bedienen keine Leistung erschlichen.

Sie hat sich damit nicht wegen Leistungserschleichung strafbar gemacht.

Ergebnis: A hat sich wegen Unterschlagung gemäß § 246 Abs. 1 strafbar gemacht.

---

215 KG Urt. v. 8.12.2014 – (3) 161 Ss 216/13 (160/13), BeckRS 2015, 3302, Rn. 18 (insoweit nicht in NStZ-RR 2015, 111 abgedruckt); Niehaus/Augustin JR 2008, 436, 438 m.w.N.

216 Vgl. Joecks/Jäger, Studienkommentar StGB, 12. Aufl. 2018, § 242 Rn. 43.

217 Vgl. Rengier BT I § 2 Rn. 70, 72.

218 Vgl. Rengier BT I § 16 Rn. 3.

219 Rengier BT I § 16 Rn. 3.

6. Teil: Erschleichen von Leistungen

Fall 24: Erschleichen von Leistungen durch unauffälliges Auftreten (BGH RÜ 2009, 234)

A benutzte den Eurocity 107 von Münster nach Hamburg, ohne einen gültigen Fahrausweis gelöst zu haben und ohne zahlen zu wollen. Dem kontrollierenden Schaffner zeigte er ein auf ihn ausgestelltes Firmenticket 2000, das – was ihm bekannt war – nur im Verkehrsverbund NRW Geltung besaß. Der Schaffner ließ ihn daraufhin unbehelligt weiterfahren.

Strafbarkeit des A? Erforderliche Strafanträge sind gestellt.

I. A könnte einen **Betrug** gemäß **§ 263 Abs. 1** begangen haben, als er das Firmenticket 2000 vorwies.

Mit diesem späteren Verhalten aus Gründen der Konkurrenz beginnen!

1. A müsste über **Tatsachen getäuscht** haben.

a) Eine ausdrückliche Täuschung über Tatsachen scheidet vorliegend aus, da A keinerlei unmittelbare Erklärung gegenüber dem Schaffner abgab, sondern lediglich nach Aufforderung ein Firmenticket vorzeigte. Damit ging aber ausdrücklich keinerlei Erklärung einher.

b) Indes könnte hierin eine schlüssige Erklärung mit Täuschungselementen enthalten sein. Dann müsste A zugleich durch Vorlage des Firmentickets 2000 erklärt haben, einen gültigen Fahrausweis für den Eurocity 107 für die Fahrt von Münster nach Hamburg zu besitzen.

Was wird typischerweise miterklärt? Keine lebensfremde Überdehnung!

Mit der Vorlage des gültigen Firmentickets 2000 erklärte der A typischerweise nur, dass er Inhaber dieses speziellen gültigen Tickets ist. Eine weitergehende Erklärung, etwa dessen Geltung für die spezielle Fahrt, wird bei Vorlage eines Fahrscheins typischerweise nicht abgegeben. Der Erklärungsempfänger erwartet diesbezüglich auch keine Erklärungen, da er derjenige ist, der in eigener Verantwortlichkeit die Geltung des jeweiligen Fahrausweises für die spezielle Strecke zu überprüfen hat. Nach der vertraglichen vorausgesetzten Risikoverteilung hat A also nicht konkludent getäuscht.

Zur konkludenten Täuschung siehe auch Fall 15.

2. Damit scheidet ein Betrug aus.

Auch für eine Täuschung durch Unterlassen gibt es keinerlei Anhaltspunkte.

II. A könnte eine **Beförderungserschleichung** gemäß **§ 265 a Abs. 1 Mod. 3** begangen haben, als er den Zug bestieg.

1. Ein **Verkehrsmittel** nach Abs. 1 ist ein technisches Gerät, das dem Transport von Personen dient, wobei unter Beförderung das Verbringen von Personen von einem Ort zu einem anderen Ort zu verstehen ist. Der von A benutzte Eurocity ist ein Verkehrsmittel.

2. A müsste die **Beförderungsleistung erschlichen** haben.

a) Ausgehend von Wortverständnis und Stellung im Gesetz wird vertreten, dass ein Erschleichen der Beförderung ein manipulatives Einwirken oder ein Umgehen oder Ausschalten von Sicherungen voraussetzt, die besonders die Entrichtung des Entgelts sicherstellen sollen. Ein Erschleichen einer Beförderungsleistung (oder der Zutritt zu einer Veranstaltung oder Einrichtung) sei nicht schon das unbefugte unentgeltliche Sichverschaffen der Leistung bzw. des Zutritts.[220] Danach liegt kein strafbares Verhalten vor, da A offen wie jeder andere Fahrgast auch den Zug betreten hat.

b) Demgegenüber lässt es der BGH ausreichen, wenn der Täter sich durch sein Verhalten mit dem **Anschein der Ordnungsgemäßheit** umgibt, wie z.B. durch das Nichtlösen oder Nichtentwerten eines Fahrausweises sowie ein unauffälliges und unbefangenes Auftreten.[221] Demnach genügt es, dass A wie ein „normaler" Fahrgast den Zug nutzte.

c) Ausgangspunkt einer Auslegung ist stets der Wortlaut der Norm. Danach beinhaltet der Begriff des Erschleichens lediglich die Herbeiführung eines Erfolges auf unrechtmäßigem, unlauterem oder unmoralischem Weg. Dieses Verständnis des Erschleichens, das äußerlich nicht mehr von der bloßen Inanspruchnahme der Beförderungsleistung zu unterscheiden ist, widerspricht nicht dem Bestimmtheitsgebot des Art. 103 Abs. 2 GG, da das Tatbestandsmerkmal im Hinblick auf seine Funktion der Lückenausfüllung eine weite Auslegung zulässt.[222]

Schließlich legt eine systematische Auslegung im Vergleich mit den anderen Tatbestandsalternativen keine andere Auslegung nahe, da der Täter einer Beförderungserschleichung in ein ohnehin in Betrieb befindliches Verkehrsmittel einsteigt, ohne dass aktive Umgehungen von Kontrolleinrichtungen notwendig sind.

Nach seinem Normzweck sollen durch § 265 a gerade diejenigen Fälle erfasst werden, in denen es unklar bleibt, ob der Täter durch täuschungsähnliches oder manipulatives Verhalten Kontrollen umgeht. Der weiten Auslegung ist daher der Vorzug zu geben.

3. A handelte **vorsätzlich**, in der Absicht, das Beförderungsentgelt nicht zu entrichten, **rechtswidrig** und **schuldhaft**.

4. Ein ggf. erforderlicher Strafantrag (§§ 265 a Abs. 3, 248 a) ist gestellt.

Ergebnis: A hat sich wegen Erschleichens von Leistungen gemäß § 265 a Abs. 1 Mod. 3 strafbar gemacht.

---

220 Fischer § 265 a Rn. 5 ff. m.w.N.

221 BGH RÜ 2009, 234; ebenso OLG Hamm NStZ-RR 2011, 206.

222 Vgl. BVerfG NJW 1998, 1135.

7. Teil: Untreue und untreueähnliche Delikte

Fall 25: Nachlässige Vertretung als Untreue
(BGH NJW 1983, 461)

Rechtsanwalt A erhielt von der N-KG den Auftrag, in einer Verkehrsunfallsache Schadensersatzansprüche i.H.v. 6.000 € geltend zu machen und notfalls einzuklagen. Außer einer vorläufigen Schadensmeldung bei der gegnerischen Versicherung und Beiziehung der polizeilichen Unfallakten unternahm er jedoch nichts. Auf wiederholte Mahnungen der Mandantin reagierte er mit Ausflüchten. Die Forderung ist inzwischen verjährt, was A in Kauf genommen hat.

Strafbarkeit des A nach dem StGB?

A könnte durch das Unterlassen der notwendigen Rechtsverfolgung eine **Untreue** gemäß **§ 266 Abs. 1** begangen haben.

Eine genauere Angabe – welche Alternative des § 266? – kann im Einleitungssatz unterbleiben; alles Weitere ergibt sich aus der Tatbestandsprüfung.

I. Zu prüfen ist zunächst die speziellere **Missbrauchsuntreue** gemäß **§ 266 Abs. 1 Alt. 1.**

A könnte eine ihm rechtsgeschäftlich eingeräumte Befugnis, über fremdes Vermögen zu verfügen, unter Verstoß gegen die sich aus dem Innenverhältnis ergebenden Grenzen missbraucht haben.

Beachte: Das rechtsgeschäftliche Verhalten nach außen muss wirksam sein (Falle!).

Die N-KG hatte A den Auftrag erteilt, für sie als Rechtsanwalt Ansprüche geltend zu machen und notfalls einzuklagen. Infolgedessen war er nach außen hin rechtsgeschäftlich ermächtigt worden, die Interessen der N-KG wahrzunehmen.

Allerdings ist dem A kein aktives Verhalten mit Missbrauchstendenz vorzuwerfen, vielmehr hat er es unterlassen, entsprechend seines Auftrags tätig zu werden.

Der Missbrauchstatbestand des § 266 Abs. 1 Alt. 1 kann auch durch Unterlassen verwirklicht werden, wenn das Unterlassen selbst als rechtsgeschäftliche Handlung wirkt (Beispiel: Schweigen auf ein kaufmännisches Bestätigungsschreiben).[223] Aber auch beim Verjährenlassen einer Forderung wird teilweise die Missbrauchsuntreue bejaht.[224] Der BGH hat diese Frage bisher offen gelassen.[225] Gegen eine Missbrauchsuntreue spricht, dass die Verjährungsfolge, nämlich das Entstehen einer Einrede gegen die Forderung, sich zwingend aus dem Gesetz ergibt, ohne dass eine Parallele zu einem Rechtsgeschäft gezogen werden kann.[226] Ein Missbrauch einer Verfügungsbefugnis ist daher in dem Unterlassen nicht zu sehen.

II. A könnte allerdings **§ 266 Abs. 1 Alt. 2** in Form des **Treuebruchs** verwirklicht haben.

Beachte: Ohne weitere Anwendung des § 13!

1. A müsste eine **Vermögensbetreuungspflicht** aus dem Geschäftsbesorgungsvertrag mit der N-KG innegehabt haben. Eine Vermögensbetreuungspflicht ist eine inhaltlich besonders herausgehobene Pflicht, Vermö-

223 Fischer § 266 Rn. 32.

224 Lackner/Kühl/Heger, StGB 29. Aufl. 2018, § 266 Rn. 6.

225 BGH NJW 1983, 461.

226 NK-Kindhäuser § 266 Rn. 91.

gensinteressen eines Dritten zu betreuen. Der Vermögensbetreuungspflichtige muss innerhalb eines nicht ganz unbedeutenden Pflichtenkreises im Interesse des Vermögensinhabers tätig werden und – als Hauptpflicht – zur fremdnützigen Vermögensfürsorge verpflichtet sein. Ein Rechtsanwalt, der im Auftrag seines Mandanten in eigenständiger Verantwortung vermögensrechtliche Ansprüche durchsetzen soll, hat eine solche Rechtsstellung.[227] Die Geltendmachung der Schadensersatzforderung war auch die Hauptpflicht aus dem Geschäftsbesorgungsvertrag mit der N-KG. Somit war A vermögensbetreuungspflichtig.

2. Diese **Treuepflicht** müsste A **verletzt** haben.

Die Verletzungshandlung kann auch in einem Unterlassen liegen,[228] insbesondere wenn Inhalt des Auftrags als Grundlage der Vermögensbetreuungspflicht die Vornahme bestimmter Handlungen war. Vorliegend hatte A das Mandat übernommen, Ansprüche geltend zu machen; indem er dieses unterließ, verletzte er die ihm übertragene Vermögensbetreuungspflicht.[229]

3. Der N-KG entstand ein **Vermögensschaden**. Die Schadensersatzforderung i.H.v. 6.000 € stellte als Forderung gegenüber dem Unfallverursacher einen selbstständigen Vermögenswert dar, dessen Realisierung durch Eintritt der Verjährung zunichte gemacht wurde.

Hier liegt kein Problem, das ist nicht fraglich.

Infolgedessen führte das Unterlassen des A zu einem Vermögensschaden i.H.v. 6.000 €.

4. A handelte zumindest mit **bedingtem Vorsatz**.

III. Das Verhalten des A war **rechtswidrig** und **schuldhaft**.

A hat sich wegen Untreue gemäß § 266 Abs. 1 Alt. 2 strafbar gemacht.

227 BGH RÜ 2013, 438, 439.
228 Fischer § 266 Rn. 55.
229 Vgl. BGH NJW 1983, 461.

Fall 26: Kundenkarte im Zwei-Partner-System
(BGHSt 38, 281)

A war Inhaber der sogenannten „air-plus Kreditkarte", die von der Lufthansa AG ausgegeben worden war. Diese setzte er gegenüber der Lufthansa AG ein, ohne zahlungsfähig und zahlungswillig zu sein: Unter Verwendung der Karte gelang es ihm, in einer Filiale der Lufthansa AG ein Flugticket zu erwerben. Der Filialmitarbeiter machte sich dabei – wie von A erhofft – keine Gedanken über die Zahlungsfähigkeit, sondern prüfte lediglich die Gültigkeit der Karte. Mit Vorlage der Karte wurde ihm dieses Ticket über sein Kundenkonto bei der Lufthansa AG zum Ende des Monats in Rechnung gestellt.

Strafbarkeit des A?

I. A könnte sich durch Vorlage der „air-plus Kreditkarte" zum Erwerb des Flugtickets wegen **Untreue** gemäß **§ 266 Abs. 1** strafbar gemacht haben.

1. Eine Strafbarkeit aus dem **Missbrauchstatbestand** des § 266 Abs. 1 Alt. 1 setzt voraus, dass A eine eingeräumte Befugnis, über fremdes Vermögen zu verfügen, missbraucht hat, wobei eine wirksame Verpflichtung des Treugebers im Außenverhältnis erforderlich ist. Der A setzte die „air-plus Kreditkarte", die ihm von der Lufthansa AG ausgehändigt worden war, jedoch nicht in einem Außenverhältnis ein, sondern nutzte sie lediglich intern gegenüber der Lufthansa AG im Innenverhältnis. Der Missbrauchstatbestand scheidet damit aus.

Die Missbrauchsvariante des § 266 ist lex specialis zur Treuebruchvariante und ist daher zuerst zu prüfen.

2. Indes könnte eine Strafbarkeit des A nach dem **Treuebruchtatbestand** des § 266 Abs. 1 Alt. 2 vorliegen. Kernvoraussetzung ist die Treuepflicht des Täters zum betreuten Vermögen, die als besonders herausgehobene Pflicht zugleich Hauptpflicht der die Beteiligten verbindenden Rechtsbeziehung darstellen muss. A hatte zwar beim Gebrauch der Kundenkarte auch Vermögensinteressen der Lufthansa zu berücksichtigen, denn er war vertraglich verpflichtet, die Karte nur dann zu verwenden, wenn er in der Lage war, die monatlichen Abrechnungen unverzüglich zu begleichen. Dabei handelt es sich aber nicht um eine eigenverantwortliche Vermögensbetreuungspflicht i.S.d. § 266 Abs. 1. Eine solche ist nur dann gegeben, wenn sie den wesentlichen Inhalt des Vertragsverhältnisses ausmacht und damit zu den Hauptpflichten aus dem Vertrag gehört. Der wesentliche Inhalt des Vertrages zwischen Lufthansa und dem A betraf jedoch nicht eine spezifische Pflicht des A, Vermögensinteressen der Lufthansa zu betreuen. Die Rechtsbeziehung bestand allein darin, ihm den bargeldlosen Verkehr zu ermöglichen.[230]

Damit scheidet eine Strafbarkeit des A gemäß § 266 Abs. 1 aus.

II. A könnte sich wegen **Missbrauchs von Scheck- bzw. Kreditkarten** gemäß **§ 266 b Abs. 1** strafbar gemacht haben, als er die Karte zum Erwerb des Flugtickets einsetzte.

---

230 BGHSt 38, 281.

Die Scheckkarte hat seit der Abschaffung des EC-Kartensystems ab dem 01.01.2002 keine Bedeutung mehr.[231]

Mittlerweile funktionieren fast sämtliche Kreditkarten im Vier-Partner-System, wobei streitig ist, ob dann noch eine Kreditkarte i.S.v. § 266 b vorliegt.[232]

1. Täter des § 266 b kann nur der **berechtigte Karteninhaber** sein. Grundsätzlich war A der Berechtigte, da er die Karte von der Lufthansa AG zur Verwendung bekommen hatte.

2. Fraglich ist, ob es sich bei der ausgehändigten „air-plus Kreditkarte" um eine **Kreditkarte** i.S.d. § 266 b Abs. 1 handelte.

a) Die klassische Kreditkarte wird im sog. **Drei-Partner-System** eingesetzt: Das die Karte ausgebende Unternehmen verpflichtet sich gegenüber Vertragsunternehmen, deren Forderung gegen den Kartenbenutzer zu bezahlen, und zieht diese Beträge dann wiederum – in der Regel monatlich – vom Karteninhaber ein.[233] Die missbräuchliche Benutzung der Karte mit der Folge, dass der Aussteller gleichwohl dem Vertragsunternehmen gegenüber zur Zahlung verpflichtet ist, führt in der Regel zur Bestrafung nach § 266 b.

b) A setzte aber die „Kreditkarte" im sog. **Zwei-Partner-System** ein. Unter Verwendung der Karte erhielt A Leistungen des Kartenausstellers ohne sofort dafür bezahlen zu müssen. In diesem Fall handelt es sich bei der „Kreditkarte" (besser: Kundenkarte) lediglich um den Ausweis über die Eröffnung eines Kundenkontos mit einem bestimmten Kreditrahmen, der es in den Filialen des Unternehmens ermöglicht, bestimmte Leistungen nicht gegen Barzahlung, sondern gegen Rechnung zu erhalten, ohne jeweils erneut eine Prüfung der Kreditwürdigkeit vornehmen zu müssen.

c) Ob Kundenkarten im Zwei-Partner-System tatgegenständliche Kreditkarten, ist zweifelhaft. Schon der Wortlaut des § 266 b passt nicht, da danach die Überlassung der Karte dazu missbraucht werden muss, den Aussteller zu einer Zahlung zu veranlassen. Im Zwei-Partner-System wird die Karte aber nur dazu benutzt, eine Leistung vom Aussteller selbst zu erlangen, zu einer Zahlung wird er hingegen nicht veranlasst.[234] Außerdem ist die Nutzung der Karte kaum mit der Bezeichnung als Kreditkarte zu vereinbaren, da das kartenausgebende Unternehmen keinen Kredit gewährt, sondern allein – unter Stundung des Rechnungsbetrages – eine eigene Leistung durch Herausgabe von Waren oder Dienstleistung erbringt.[235]

Damit scheidet eine Strafbarkeit des A aus § 266 b Abs. 1 aus.

III. A könnte sich wegen **Betruges** nach **§ 263 Abs. 1** strafbar gemacht haben, als er unter Vorlage der Kundenkarte das Flugticket kaufte, ohne zahlungsfähig und -willig zu sein.

1. Dann müsste A über **Tatsachen getäuscht** haben. Mit Vorlage der Karte erklärte A ausdrücklich, Inhaber dieser Karte zu sein – was der Wahrheit entsprach –, aber auch zugleich schlüssig, zahlungswillig zu sein. Dies entsprach indes nicht den Tatsachen.

2. Auf der Grundlage dieser abgegebenen Erklärung müsste der Mitarbeiter einem entsprechenden **Irrtum** erlegen sein. Dies setzt voraus, dass er sich bei Annahme der Karte und Abwicklung des Kaufgeschäftes über die

231 Fischer § 266 b Rn. 6.
232 Ausführlich Rengier BT I § 19 Rn. 14 ff.
233 Fischer § 266 b Rn. 10, 10 a.
234 Rengier BT I § 19 Rn. 19; a.A. Ranft NStZ 1993, 185 f.
235 BGHSt 38, 281, 283.

miterklärte Zahlungswilligkeit des Kunden, Vorstellungen gemacht hat. In den Kreditkartenmissbrauchsfällen im sogenannten Drei-Partner-System wird ein derartiger Irrtum in der Regel verneint, da die wirtschaftlichen Verhältnisse des Kreditkarteninhabers, insbesondere dessen Bonität, dem Vertragsunternehmen wegen der Zahlungsgarantie des kartenausgebenden Instituts gleichgültig sein kann. Der Vertrag zwischen dem Kreditkartenausgeber und dem Vertragsunternehmen verlangt von diesem eben nur die Prüfung der genannten formellen Voraussetzungen, nämlich Gültigkeit der Karte und Identität des Karteninhabers, nicht jedoch auch eine Überprüfung der Bonität des Karteninhabers.[236]

Ähnlich verhält es sich im Zwei-Partner-System jedenfalls dann, wenn der Angestellte des die Kundenkarten ausgebenden Unternehmens sich keinerlei Gedanken über die Bonität des Kunden macht, solange die Karte gültig ist. Er wird also gleichfalls nur die formellen Voraussetzungen der Identität der Person und der nicht vorhandenen Kartensperre prüfen.

Somit hat sich der Mitarbeiter, der nur die Gültigkeit der Karte prüfte, nicht geirrt.

A hat sich nicht wegen Betrugs strafbar gemacht.

Ergebnis: Das vertragswidrige Verhalten des A ist straflos.

236 Vgl. Rengier BT I § 19 Rn. 11.

Fall 27: Weiterbenutzung einer durch den Karteninhaber überlassenen Kreditkarte nach dessen Tod
(OLG Hamm RÜ 2015, 374)

Die vermögende Unternehmerin U überließ Ende 2015 ihrem Privatsekretär P ihre American Express-Kreditkarte zur freien Nutzung, also für seine eigenen Zwecke. Die Verfügungslinie lag bei 5.000 € monatlich. Die Karte war bis Oktober 2018 gültig. Es handelte sich um eine Kreditkarte im sog. Drei-Partner-System. Dem Karteninhaber ist es erlaubt, bei einem durch einen Rahmenvertrag mit dem Kreditkartenunternehmen verbundenen Vertragsunternehmen Waren unter Vorlage der Kreditkarte gegen Unterschrift auf einem Abrechnungsbeleg zu kaufen und den Kartenaussteller zu einer garantierten Zahlung gegenüber dem Vertragsunternehmen zu veranlassen. Die Überlassung der Karte an Dritte wird in den Vertragsbedingungen untersagt. Die von P veranlassten Kreditkartenumsätze wurden von einem Kontokorrentkonto der U abgebucht. P tätigte in der Folgezeit zahlreiche Umsätze mit der Karte. Er unterschrieb die nötigen Belege in den Läden auch mit dem Namen von U. U verstarb im März 2016. Auch danach benutzte P die Kreditkarte in Kenntnis des Todes der U und in Kenntnis, dass das Vermögen der U nun den Erben zustand, zu denen er nicht gehörte.

Wie hat sich P strafbar gemacht?

I. P könnte sich mehrfach **wegen Betruges** gemäß **§ 263 Abs. 1** strafbar gemacht haben, indem er in zahlreichen Läden unter Gebrauch der überlassenen Kreditkarte Waren kaufte.

Durch sein Verhalten täuschte P vor, der berechtigte Kreditkarteninhaber zu sein. Aufgrund der **Garantiefunktion einer Kreditkarte** im sog. Drei-Partner-System macht sich der Verkäufer keine Gedanken über die Berechtigung des Benutzers der Kreditkarte.[237] Mangels eines Irrtums aufseiten des Verkäufers hat sich P nicht wegen Betruges strafbar gemacht.

II. Durch die Einkäufe mittels der Kreditkarte könnte sich P wegen **Computerbetrugs** gemäß **§ 263 a Abs. 1** strafbar gemacht haben.

1. Auf der Kreditkarte waren kodierte Informationen gespeichert, die für die Autorisierung und Abrechnung des jeweiligen Zahlungsvorgangs verwendet werden. Diese **Daten** hat P durch die Vorlage der Karte **verwendet**.

2. Fraglich ist, ob es sich um eine **unbefugte Datenverwendung** i.S.d. § 263 a Abs. 1 Var. 3 handelte.

a) Teilweise wird der Begriff „unbefugt" **subjektivierend** ausgelegt. Entscheidend soll sein, ob die Verwendung der Daten dem Willen des Berechtigten widerspricht.[238] Die berechtigte Karteninhaberin U hat P die Kreditkarte jedoch zur eigenen Nutzung quasi schenkungsweise überlassen. Diese Schenkung wirkt auch zulasten der Erben.

---

237 OLG Hamm RÜ 2015, 374.
238 NK-Kindhäuser § 263 a Rn. 27.

b) Nach h.M. ist die Unbefugtheit **betrugsspezifisch** auszulegen.[239] Dafür sprechen zum einen die Bezeichnung des Delikts und seine systematische Nähe zu § 263. § 263 a soll die Strafbarkeitslücken schließen, die dadurch entstehen, dass Maschinen nicht getäuscht werden können. Das Verhalten des P müsste Täuschungscharakter gehabt haben. Aufgrund der Garantiezusage des Kreditkartenunternehmens gegenüber dem Vertragsunternehmen war sein Handeln jedoch nicht täuschungsäquivalent.

P hat sich nicht wegen Computerbetrugs nach § 263 a Abs.1 Alt. 3 strafbar gemacht.

III. P könnte sich wegen **Missbrauchs von Kreditkarten** nach **§ 266 b Abs. 1** strafbar gemacht haben, indem er die Kreditkarte der U zum Einkaufen gebraucht hat.

Die Kreditkarte wurde P zwar von der berechtigten Karteninhaberin überlassen. § 266 b aber ist ein **untreueähnliches Sonderdelikt**, welches das Vermögen des Kreditkartenausstellers gegen die missbräuchliche Benutzung durch den berechtigten Karteninhaber schützt.[240] Täterqualität hatte daher allein der berechtigte **Karteninhaber**, also die U, nicht dagegen P.

P hat sich nicht nach § 266 b Abs. 1 strafbar gemacht.

IV. In dem Verhalten des P nach dem Tod von U könnte eine **Untreue** nach **§ 266 Abs. 1 Alt. 1** liegen.

1. Durch das Benutzen der Kreditkarte hat P veranlasst, dass das Kartenunternehmen das Konto der U auch nach deren Tod belastet wurde. Damit hat P rechtswirksam auf das Vermögen der Erben eingewirkt und diese damit im Außenverhältnis wirksam unter Einhaltung seines rechtlichen Könnens verpflichtet.

2. Fraglich ist, ob P im Verhältnis zu den Erben eine **Vermögensbetreuungspflicht** hatte. Die Vermögensbetreuungspflicht setzt die Pflicht zur fremdnützigen Vermögensfürsorge als Hauptpflicht voraus, die dem Vermögenspflichtigen ein Maß an Selbstständigkeit und Dispositionsmacht gegenüber dem anvertrauten Vermögen zuspricht. Der Anvertrauende legt sein Vermögen gleichsam in die Hände des Vermögenspflichtigen, damit dieser sich in dessen Vermögensinteresse darum kümmert.

Der Fall zeigt, dass nicht jedes vermögensrelevante Verhalten zulasten fremden Vermögens als Untreue gemäß § 266 zu werten ist.

U überließ dem P die Karte jedoch nicht in ihrem Interesse, sondern P sollte die Karte zu eigenen Zwecken nutzen. Es fehlte an jedem Element einer fremdnützigen Vermögenssorge. Allein die Möglichkeit, auf das Vermögen der U Zugriff zu nehmen, hat P nicht zur Vermögensfürsorge verpflichtet.[241] Weiterhin hat P auch nicht pflichtwidrig gehandelt, da er durch die schenkweise eingeräumte Nutzungsbefugnis über die Kreditkarte auch über den Tod von U zivilrechtlich berechtigt war, die Karte zu nutzen.[242]

Mangels Vermögensbetreuungspflicht hat P sich nicht wegen Untreue strafbar gemacht.

---

239 Siehe etwa BGH RÜ 2015, 788, 789; Fischer § 263 a Rn. 11 m.w.N.
240 Fischer § 266 b Rn. 2.
241 Vgl. OLG Hamm RÜ 2015, 374, 375 f.
242 Vgl. Jäger JA 2015, 629, 630 f.

V. P könnte sich aber wegen **Urkundenfälschung** nach **§ 267 Abs. 1** strafbar gemacht, indem er die Abrechnungsbelege mit dem Namen der U unterschrieb.

1. Darin könnte das **Herstellen einer unechten Urkunde** liegen. Eine Urkunde ist die Verkörperung einer menschlichen Gedankenerklärung, die zur Beweisführung im Rechtsverkehr geeignet und bestimmt ist und ihren Aussteller erkennen lässt.[243] Das trifft auf die jeweiligen Abrechnungsbelege zu, da mit diesen ein Nachweis über die Zahlungsvorgänge erbracht werden soll.

2. Fraglich ist, ob die Abrechnungsbelege auch unecht waren. **Unecht** ist die Urkunde, wenn derjenige, der als Aussteller aus der Urkunde scheinbar hervorgeht, nicht der wahre Aussteller ist; es wird also über die Identität des Ausstellers getäuscht.[244] Auf den ersten Blick scheinen die Belege unecht gewesen zu sein, da P sie mit dem Namen der U unterzeichnet hat. Allerdings kommt es nach allgemeiner Auffassung nicht auf die rein tatsächliche Urheberschaft an, sondern es ist maßgeblich, wem die Erklärung geistig zuzurechnen ist. Insbesondere kann der tatsächliche Hersteller ermächtigt sein, im Namen eines anderen eine Gedankenerklärung abzugeben.[245]

U hatte P die Kartennutzung und Zeichnung in ihrem Namen erlaubt. Diese im Rahmen von § 267 maßgebliche Ermächtigung wird nicht dadurch ausgeschlossen, dass Kreditkartenunternehmen gegenüber ihren Kunden die Überlassung an Dritte untersagen.[246] U wollte und musste sich die Erklärung des P „geistig" zurechnen lassen. Wahrer und scheinbarer Aussteller stimmen überein. Die Abrechnungsbelege waren echt.

P hat sich daher **nicht wegen Urkundenfälschung** strafbar gemacht.

VI. H könnte sich durch den Gebrauch der Kreditkarte **wegen Unterschlagung** nach **§ 246 Abs. 1** strafbar gemacht haben. Als Tathandlung verlangt § 246 Abs. 1 die **eindeutige, zweifelsfreie Betätigung eines Zueignungswillens.**[247] Mehrdeutige Verhaltensweisen werden nicht erfasst. In der bloßen Nutzung der Karte liegt ein neutrales Verhalten im Hinblick auf die Rechte an der Karte, die auch nicht die funktionsspezifische Verkörperung des Sachwertes darstellt.[248] Im Übrigen hatte P auch keinen Zueignungswillen an der Karte selbst, da er nur sein Gebrauchsrecht an der Karte ausüben wollte.

Ergebnis: P hat sich durch die Nutzung der Kreditkarte über den Tod von U hinaus nicht strafbar gemacht.

---

243 Fischer § 267 Rn. 2 m.w.N.
244 Fischer § 267 Rn. 27.
245 Fischer § 267 Rn. 28.
246 Jäger JA 2015, 629, 631; vgl. auch Fischer § 267 Rn. 28.
247 Weiterführend AS-Skript Strafrecht BT 1 (2018), Rn. 242 m.w.N.
248 OLG Hamm RÜ 2015, 374, 376.

8. Teil: Raub

Fall 28: Gewaltsame Wegnahme von Drogen zum geplanten Verbrauch

(BGH RÜ 2015, 439)

R stürmte in die Wohnung des W, schlug mit einer 60 cm langen Holzlatte auf diesen ein, sodass dessen Nase brach, und nahm dem W wie geplant eine Plastikdose mit 6 g Marihuana weg, indem er sie in einen Rucksack steckte, um die Drogen im Anschluss zu konsumieren.

Wie hat sich R nach dem StGB strafbar gemacht? Ggf. erforderliche Strafanträge sind gestellt.

I. R könnte sich wegen eines **besonders schweren Raubes** nach **§§ 249 Abs. 1, 250 Abs. 2 Nr. 1** strafbar gemacht, indem er auf W mit der Holzlatte einschlug, um dessen Marihuana zum Konsum an sich zu nehmen.

Beginnen Sie mit § 250 Abs. 2 Nr. 1, wenn der Räuber das Werkzeug tatsächlich verwendet. Dann erübrigt sich eine Erörterung von § 250 Abs. 1 Nr. 1 a, weil der Täter das gefährliche Werkzeug auch bei sich geführt hat, wenn er es verwendet hat.

1. R hat die Drogen – eine im Eigentum eines anderen stehende Sache[249] – eingesteckt und mitgenommen und so die ursprüngliche Sachherrschaft des W gegen dessen Willen gebrochen. R hat die Drogen damit **weggenommen**.

2. R müsste **Gewalt** gegen W ausgeübt haben. Gewalt gegen eine Person ist jeder körperlich wirkende Zwang, um einen gegen die Wegnahme geleisteten oder erwarteten Widerstand zu brechen.[250] R schlug auf W ein, damit dieser sich nicht wirksam dagegen wehren konnte, dass R das Marihuana an sich nimmt. Somit hat R Gewalt angewendet.

3. Dadurch dass R mit der Holzlatte auf den W eingeschlagen hat, hat er bei dem Raub ein **gefährliches Werkzeug** gemäß § 250 Abs. 2 Nr. 1 **verwendet** und somit die Qualifikation des besonders schweren Raubes erfüllt.

4. Da R auf W einschlug, um das Marihuana zu erlangen, lag auch der erforderliche **Finalzusammenhang** zwischen Gewalt und Wegnahme vor.

Zum Finalzusammenhang ausführlich Fall 29.

5. R handelte **vorsätzlich** hinsichtlich des Grundtatbestands und der Qualifikation.

6. Fraglich ist, ob R mit **Absicht rechtswidriger Zueignung** handelte, da er die Drogen konsumieren, also zerstören wollte. Zueignungsabsicht hat derjenige, der sich eine eigentümerähnliche Herrschaftsmacht anmaßt, indem er die Sache in ihrer Sachsubstanz oder einen funktionsspezifisch verkörperten Sachwert zumindest vorübergehend dem eigenen Vermögen einverleiben und den Berechtigten dauerhaft aus dessen Eigentümerstellung verdrängen will. Bezüglich der Aneignungskomponente ist Absicht erforderlich, während bezüglich der Enteignungskomponente bedingter Vorsatz ausreichend ist.

Siehe zur Absicht rechtswidriger Zueignung bereits ausführlicher Fälle 6 und 8.

Sachen verbrauchen darf allein der Eigentümer (§ 903 BGB). Darin liegt ohne Weiteres die Enteignungskomponente. Fraglich ist, ob R sich die Drogen dem eigenen Vermögen einverleiben wollte. Sein Tun könnte sich al-

---

249 Vgl. zur Fremdheit von Betäubungsmitteln BGH NJW 2015, 2898, 2300; NStZ-RR 2018, 15 m.w.N.; kritisch Fischer § 242 Rn. 5 a.

250 Fischer § 249 Rn. 4 a m.w.N.

lein in einer Zerstörung als Sachbeschädigung nach § 303 Abs. 1 erschöpfen. Wer eine Sache wegnimmt, um sie ausschließlich zu zerstören, zu vernichten, beiseitezuschaffen oder wegzuwerfen, will gerade nicht die Aneignungskomponente der Zueignung erfüllen und wäre daher kein Dieb, auch wenn er die Sache kurzfristig besitzen will.[251] Allerdings ging es R nicht um die „sinnlose" Zerstörung, sondern um den bestimmungsgemäßen Verbrauch der Drogen und damit um die Einverleibung ins eigene Vermögen.[252] R handelt damit mit Zueignungsabsicht.

Die Zueignung war auch rechtswidrig, da R keinen Anspruch auf die Drogen hatte, was er auch wusste.

7. R handelte **rechtswidrig** und **schuldhaft**.

R hat sich wegen eines besonders schweren Raubes nach §§ 249 Abs. 1, 250 Abs. 2 Nr. 1 strafbar gemacht. Die zugleich verwirklichten Tatbestände nach § 242 und § 240 treten in Gesetzeskonkurrenz zurück.

II. Durch die Schläge mit der Holzlatte hat R weiterhin die körperliche Unversehrtheit des W nicht unerheblich beeinträchtigt und zudem durch die Verletzung einen krankhaften Zustand verursacht und so vorsätzlich den Grundtatbestand der **Körperverletzung** nach **§ 223 Abs. 1** verwirklicht.

Da die Holzlatte in ihrer konkreten Verwendung geeignet war, erhebliche Verletzungen beim Opfer hervorzurufen, hat R die Körperverletzung auch mittels eines **gefährlichen Werkzeugs** i.S.d. § 224 Abs. 1 Nr. 2 begangen.

Da R auch rechtswidrig und schuldhaft handelte, hat er sich wegen gefährlicher Körperverletzung strafbar gemacht.

III. Durch den Konsum des Marihuanas könnte sich R wegen **Sachbeschädigung** nach **§ 303 Abs. 1** strafbar gemacht haben.

1. Das Marihuana stand im Eigentum des W und war damit als **fremde Sache** taugliches Tatobjekt des § 303 Abs. 1.

2. Durch den Konsum hat R auch die Sachsubstanz völlig aufgehoben und die Drogen damit dem Grunde nach **zerstört**.

Es wird jedoch vertreten, der bestimmungsgemäße Gebrauch einer Sache könne keine Sachbeschädigung darstellen.[253] Dagegen spricht, dass auch der Verbrauch die Interessen des Eigentümers verletzen kann, sodass es nicht gerechtfertigt ist, den Tatbestand auf die unsachgemäße Zerstörung zu beschränken.[254]

3. R handelte auch **vorsätzlich, rechtswidrig** und **schuldhaft**.

4. Der nach § 303 c erforderliche Strafantrag ist gestellt.

Somit hat R sich wegen Sachbeschädigung strafbar gemacht.

IV. R hat sich zudem durch das vorsätzlich Eindringen in die Wohnung des W wegen **Hausfriedensbruchs** gemäß **§ 123 Abs. 1** strafbar gemacht. Der nach § 123 Abs. 2 erforderliche Strafantrag ist gestellt.

---

251 BGH RÜ 2015, 439, 440; NStZ 2019, 344, 345.
252 Vgl. BGH RÜ 2015, 439, 440 f.
253 Fischer § 303 Rn. 12 a m.w.N.
254 Ladiges JuS 2018, 657, 659 f.

Konkurrenzen und Ergebnis: Das Raubdelikt, die Körperverletzung und die Hausrechtsverletzung geschahen im Rahmen einer natürlichen Handlungseinheit, wobei aus Klarstellungsgründen kein Delikt zurücktritt.

Die Zerstörung des Marihuanas ist durch eine eigenständige Handlung begangen worden, sodass insoweit Handlungsmehrheit vorlag. Allerdings tritt die Sachbeschädigung als mitbestrafte Nachtat hinter dem besonders schweren Raub zurück, da das Raubdelikt bereits die Eigentumsverletzung hinreichend pönalisiert.

R hat sich wegen eines besonders schweren Raubes gemäß §§ 249 Abs. 1, 250 Abs. 2 Nr. 1 in Tateinheit (§ 52) mit einer gefährlichen Körperverletzung gemäß §§ 223 Abs. 1, 224 Abs. 1 Nr. 2 und eines Hausfriedensbruchs gemäß § 123 Abs. 1 strafbar gemacht.

Fall 29: Finalzusammenhang zwischen Nötigung und Wegnahme beim Raub
(BGH RÜ 2014, 376; RÜ 2018, 510)

A besuchte F in dessen Wohnung. Als es wegen einer Nichtigkeit zum Streit kam, versetzte A dem F einige Schläge in das Gesicht und brach ihm damit die Nase. Im Bewusstsein seiner körperlichen Überlegenheit und in Ansehung des durch die Schläge deutlich eingeschüchterten F entschloss sich A spontan, einige Wertgegenstände aus der Wohnung mitzunehmen. Unter dem Eindruck der erlittenen Schläge ließ es F widerstandslos zu, dass A Modeschmuck im Wert von etwa 100 € zusammenpackte und mit nach Hause nahm.

Wie hat sich A strafbar gemacht? Strafanträge sind gestellt.

Es bietet sich an, zunächst nur die Körperverletzung zu prüfen, da durch die Vorsatzerweiterung hinsichtlich der Wertgegenstände eine Zäsur vorliegt.

I. Durch die Schläge hat A die **körperliche Unversehrtheit** des F nicht unerheblich beeinträchtigt und zudem angesichts des Nasenbruchs einen **krankhaften Zustand** hervorgerufen, sodass der objektive Tatbestand des § 223 Abs. 1 erfüllt ist. A handelte **vorsätzlich, rechtswidrig** und **schuldhaft**; der nach § 230 Abs. 1 erforderliche Strafantrag ist gestellt.

A hat sich somit wegen Körperverletzung strafbar gemacht.

II. A könnte sich **wegen Raubes** gemäß **§ 249 Abs. 1** strafbar gemacht, indem er die Angst des F ausnutzte und Schmuck im Wert von 100 € mit sich nahm.

1. Dadurch dass A Schmuck – für ihn fremde, da im Eigentum des F stehende, bewegliche Sachen mit nach Hause genommen hat, hat er die Sachherrschaft des F gegen dessen Willen gebrochen und neue eigene Sachherrschaft begründet. A hat die Sachen damit **weggenommen**.

2. Durch die Schläge hat A auch **Gewalt** gegen F angewendet.

3. Weiterhin müsste ein **raubspezifischer Zusammenhang** zwischen der Gewaltanwendung und der Wegnahme vorliegen. Dafür ist nach h.M. kein objektiver Kausalzusammenhang erforderlich, jedoch müssen Gewalt und Wegnahme in einem zeitlichen und örtlichen Zusammenhang stehen. Für die raubspezifische Einheit von qualifizierter Nötigung und Wegnahme ist maßgeblich, dass es zu einer nötigungsbedingten Schwächung des Gewahrsamsinhabers in seiner Verteidigungsfähigkeit oder -bereitschaft gekommen ist.[255] Dieser Zusammenhang ist zu bejahen, da A unmittelbar nach den Schlägen die Verängstigung des F genutzt hat, um den Schmuck an sich zu nehmen.

Der Finalzusammenhang kann sowohl im objektiven als auch im subjektiven Tatbestand geprüft werden.

4. Allerdings muss daneben ein **Finalzusammenhang** derart bestehen, dass der Täter die Gewalt oder qualifizierte Drohung einsetzt, um die Wegnahme durchzuführen. Nur bei dieser funktionalen Verknüpfung liegt das raubspezifisch höhere Unrecht im Vergleich zur Begehung eines Diebstahls anlässlich einer Gewaltanwendung vor.[256]

---

255 BGH RÜ 2016, 436; RÜ 2016, 713.
256 Vgl. BGH RÜ 2016, 436.

Eine finale Verknüpfung zwischen Nötigung und Wegnahme liegt vor, wenn die ursprünglich zu einem anderen Zweck eingesetzte Gewaltanwendung fortdauernd zu einem neuen Zweck, der Wegnahme, eingesetzt wird.[257] Dies gilt auch, wenn der Täter von einer ursprünglichen Gewaltanwendung zu einer konkludenten Drohung übergeht. Diese muss sich aber in einem unmissverständlichen Verhalten nach außen offenbaren. Eine solche fortdauernde Zwangsanwendung ist von der Ausnutzung einer fortwirkenden Zwangswirkung zu unterscheiden.[258]

Zum Zeitpunkt der Schläge wollte A nichts wegnehmen. Den Wegnahmeentschluss fasste er erst nach der konkreten Gewaltanwendung, als er bemerkte, dass F eingeschüchtert und verängstigt war. A drohte auch nicht konkludent weitere Gewalt an, sondern nutzte allein die fortdauernde Zwangswirkung bei F aus. Somit hat A die Gewalt nicht final zur Wegnahme eingesetzt.

In diesen Problemkreis gehört auch die Fallkonstellation, in welcher der Täter sein Opfer zunächst ohne einen Wegnahmevorsatz fesselt oder einsperrt und erst später diese andauernde Zwangslage zur Wegnahme ausnutzt. Der BGH (St. 48, 365) bejaht eine Gewaltanwendung durch garantenpflichtwidriges Unterlassen.

A hat sich nicht wegen Raubes nach § 249 strafbar gemacht.

III. Da auch bei der räuberischen Erpressung zwischen dem Einsatz des qualifizierten Nötigungsmittels und dem abgenötigten Verhalten – welcher Rechtsnatur dieses auch immer sein muss – ein finaler Zusammenhang bestehen muss,[259] hat sich A auch **nicht wegen räuberischer Erpressung** nach **§ 253 Abs. 1, 255** strafbar gemacht.

IV. Durch die Mitnahme des Schmucks hat A sich aber wegen **Diebstahls** nach **§ 242 Abs. 1** strafbar gemacht. Allein Angst und Furcht begründen keine Hilfslosigkeit i.S.v. § 243 Abs. 1 S. 2 Nr. 6, sodass kein besonders schwerer Fall gegeben ist.

Konkurrenzen und Ergebnis: Da die Körperverletzung und der Diebstahl auf unterschiedlichen Entschlüssen des A beruhten, liegt Handlungsmehrheit vor. Da unterschiedliche Rechtsgüter betroffen sind, tritt kein Delikt zurück. A hat sich somit wegen Körperverletzung gemäß § 223 Abs. 1 und Diebstahls gemäß § 242 Abs. 1 in Tatmehrheit, § 53, strafbar gemacht.

---

257 BGH RÜ 2013, 640; Wessels/Hillenlkamp/Schuhr BT 2 Rn. 361 ff.
258 Vgl. BGH RÜ 2018, 510, 512.
259 BGH RÜ 2017, 103.

Fall 30: „Inkasso" bei Forderung aus einem Drogengeschäft
(BGH RÜ 2008, 643)

Nach reichlichem Alkoholkonsum, aber noch im schuldfähigen Zustand, beschlossen I und W, ihrem Bekannten T einen Denkzettel zu verpassen. I war über T verärgert, weil dieser entgegen seinem Versprechen unberechtigt von I eingezogene 20 € nicht zurückgezahlt hatte. W war auf T eifersüchtig. Er glaubte, dieser habe versucht, mit seiner damaligen Freundin sexuell zu verkehren. W bewaffnete sich mit einer Eisenstange mit angeschweißtem Griff. Neben dem Zweck, dem T eine Abreibung zu verpassen, wollten I und W auch gewaltsam nach Geld zu suchen, da T bei ihnen noch Schulden von 2.000 € aus früheren Drogengeschäften hatte, und Geld in entsprechender Höhe mitnehmen.

Gegen 2.30 Uhr drangen W und I in die Wohnung des T ein, attackierten diesen schon an der Wohnungstür und nachfolgend im Schlafzimmer mit Faustschlägen. Nachdem T abstritt, Geld zu haben, durchsuchte I die Wohnung, während W den T absprachegemäß mit der Eisenstange in Schach hielt. I konnte jedoch kein Geld finden, sodass I und W sich ohne Beute davon machten.

Strafbarkeit von I und W? Ein Strafantrag ist nicht gestellt.

Der Sachverhalt gibt keine Veranlassung, auf Abgrenzungsfragen zu Raub/Erpressung einzugehen; bei offensichtlich gewollter Wegnahme ist § 249 zuerst zu prüfen.

I. I und W könnten sich wegen **versuchten besonders schweren Raubes in Mittäterschaft** nach **§§ 249 Abs. 1, 250 Abs. 2 Nr. 1, 25 Abs. 2, 22, 23 Abs. 1** strafbar gemacht haben, indem sie T überfielen, um Geld zu erlangen.

1. I und W haben keine Beute weggenommen, sodass der Raub nicht vollendet ist. Der Versuch ist gemäß § 23 Abs. 1 strafbar, da Raub ein Verbrechen ist.

2. I und W hatten den **Tatentschluss** gefasst, gemeinschaftlich und im Rahmens eines arbeitsteiligten Vorgehens Gewalt gegen T anzuwenden und diesen qualifiziert zu bedrohen, um fremde bewegliche Sachen, nämlich dessen Geld, wegzunehmen.

3. Da W den T mit der Eisenstange in Schach halten sollte, hatten sie auch den Vorsatz zur **Verwendung eines gefährlichen Werkzeugs** nach § 250 Abs. 2 Nr. 1 gefasst. Es genügt die Benutzung des Gegenstandes als Drohmittel, ein Einsatz zur Körperverletzung ist nicht erforderlich.

4. Fraglich ist, ob sie auch mit **Absicht rechtswidriger Zueignung** handelten.

a) I und W ging es gerade darum, das Geld zu erlangen und T sollte es verlieren. Somit handelten sie mit Zueignungsabsicht.

b) Zweifelhaft ist jedoch, ob die beabsichtigte Zueignung auch **rechtswidrig**[260] war, da T bei ihnen noch Schulden aus Drogengeschäften hatte.

aa) Bei fälligen und **einredefreien Speziesansprüchen** auf die weggenommene Sache erfolgt die Zueignung durch den Anspruchsinhaber nicht

260 Weiterführend zur Rechtswidrigkeit der erstrebten Zueignung AS-Skript Strafrecht BT 1 (2018), Rn. 125 ff.

rechtswidrig im Sinne der Eigentumsordnung.[261] Der Täter führt vielmehr den von ihr gewollten Zustand herbei, denn er kann dem Herausgabeverlangen des Eigentümers den Einwand der Pflicht zur alsbaldigen Rückgewähr (§ 242 BGB) entgegenhalten. Eigentumsdelikte scheiden dann aus.

bb) Dagegen verletzt bei **Gattungsschulden** die Wegnahme einer entsprechenden Zahl von Gattungssachen die Eigentumsordnung, da allein der Schuldner die Konkretisierungsbefugnis hat, welche Sache von mittlerer Art und Güte (§ 243 Abs. 1 BGB) er leisten will; mithin ist die eigenmächtige Auswahl durch den Gläubiger objektiv rechtswidrig.

cc) Eine Sonderstellung nehmen Geldansprüche ein:

(1) So wird in der Lit. vertreten, auch die Zueignung der eigenmächtig weggenommenen Geldstücke bzw. -scheine durch den Gläubiger sei objektiv rechtmäßig, da Geld als körperlicher Gegenstand austauschbar und seine Funktion als Träger einer jeweiligen Wertsumme im Vordergrund stehe.[262]

(2) Demgegenüber meint der BGH, dass wegen des Leistungsbestimmungsrechts des Schuldners die Zueignung der konkret weggenommenen Geldmittel objektiv rechtswidrig sei und auch das Selbsthilferecht aus § 229 BGB die eigenmächtige Zueignung nicht gestatte.[263] Gemäß § 230 Abs. 2 BGB sei im Falle der Wegnahme von Sachen deren dingliche Arrestierung zu beantragen, keineswegs dürfe der Gläubiger die eigenmächtige Befriedigung herbeiführen.[264]

(3) Der Streit bedarf jedoch keiner Entscheidung, da I und W hier als Drogenverkäufer zivilrechtlich – unabhängig von der Einordnung dieser Schuld – gar kein Zahlungsanspruch gegen T zustand.[265] Der Kaufvertrag über die Drogen war wegen eines Verstoßes gegen ein gesetzliches Verbot (§ 29 Abs. 1 Nr. 1 BtMG) gemäß § 134 BGB nichtig. Bereicherungsrechtliche Zahlungsansprüche (§§ 812 Abs. 1 S. 1 Alt. 1, 818 Abs. 2 BGB) scheitern an § 817 S. 2 BGB.

c) Allerdings könnten sich I und W – in zweifacher Hinsicht – in einem beachtlichen **Irrtum über die Berechtigung** des Bestehens eines Zahlungsanspruches befunden haben. Ein Irrtum über die Rechtswidrigkeit der Zueignung ist Tatumstandsirrtum und schließt nach § 16 Abs. 1 S. 1 die Bestrafung aus dem Vorsatzdelikt aus.[266]

1. Irrtum: Irrige Einordnung der Geldschuld als Speziesschuld

aa) So werden in der Bevölkerung Geldschulden nicht als Gattungsschulden eingeordnet, vielmehr ist der Irrtum weit verbreitet, dass ein Gläubiger einer Geldforderung jeweils die gerade im Besitz des Schuldners befindlichen Geldmittel als die ihm unmittelbar und nicht nur vertretungsweise geschuldeten beanspruchen, dass er mithin die Geldforderung als Speziesschuld durchsetzen darf. Deshalb ist bei eigenmächtiger Wegnahme einer irrigerweise für die geschuldet gehaltene Sache nach dem BGH regelmäßig ein beachtlicher Tatumstandsirrtum anzunehmen.[267] Danach könnten

261 Rengier BT I § 2 Rn. 187.
262 Rengier BT I § 2 Rn. 193 m.w.N.
263 BGHSt 17, 87 ff.; BGH NJW 1990, 2832; ebenso Fischer § 242 Rn. 50 m.w.N.
264 BGH RÜ 2008, 643, 644.
265 Vgl. BGH RÜ 2003, 500.
266 Vgl. Fischer § 242 Rn. 49.
267 BGHSt 17, 91.

auch bei I und W der Vorsatz hinsichtlich der Rechtswidrigkeit der Zueignung und damit der Tatentschluss ausgeschlossen gewesen sein.

2. Irrtum: Irrige Annahme zivilrechtlicher Forderungen aus Drogengeschäften

bb) Allerdings hatten I und W sich noch in weiterer Hinsicht geirrt. Über die irrige Annahme hinaus, Geldschulden als „Speziesschulden" behandeln zu können, glaubten sie, dass ihnen tatsächlich eine Forderung aus dem illegalen Drogengeschäft zustehen würde.

Dieser Irrtum über das normative Merkmal „Rechtswidrigkeit der erstrebten Bereicherung" bei der Erpressung[268] oder Rechtswidrigkeit der erstrebten Zueignung beim Raub ist nur dann als beachtlich i.S.v. § 16 Abs. 1 S. 1 einzustufen, soweit der Täter angenommen hatte, eine Forderung zu besitzen, die auch mit Aussicht auf Erfolg gerichtlich einklagbar sei.[269] Dagegen liegt ein beachtlicher Irrtum über das Bestehen eines solchen Anspruchs nicht vor, wenn sich der Nötigende lediglich nach den Anschauungen der einschlägig kriminellen Kreise als berechtigter Inhaber eines Zahlungsanspruchs gegen das Opfer fühlt. Die vorgestellte Forderung muss im Einklang mit der Zivilrechtsordnung stehen.

Demnach befanden sich I und W, die eine Forderung aus einem Drogengeschäft durchsetzen wollten, nicht in einem Tatumstandsirrtum. Sie handelten mit der notwendigen Absicht rechtswidriger Zueignung.

5. Sie haben durch die Gewaltanwendung **unmittelbar zur Tat angesetzt** i.S.v. § 22; sie handelten auch **rechtswidrig** und **schuldhaft**.

I und W haben sich wegen gemeinschaftlichen versuchten besonders schweren Raubes strafbar gemacht. Die zugleich verwirklichten Tatbestände des Diebstahls und der Nötigung treten zurück.

Nach dem BGH genügt für die Erpressung jedes Tun, Dulden oder Unterlassen, das vermögensmindernd ist.

II. Soweit die Täter in Übereinstimmung mit dem BGH zugleich eine **räuberische Erpressung** gemäß **§§ 253, 255, 22, 25 Abs. 2** versucht haben, tritt diese als lex generalis hinter dem spezielleren Raub zurück.[270]

III. Durch die einvernehmlich gemeinsam ausgeführten Schläge haben I und W eine **gefährliche Körperverletzung** gemäß **§§ 223 Abs. 1, 224 Abs. 1 Nr. 3** in Mittäterschaft gemäß § 25 Abs. 2 begangen.

IV. Schließlich könnten I und W **gemeinschaftlich** einen **erpresserischen Menschenraub** gemäß **§§ 239 a Abs. 1, 25 Abs. 2** begangen haben.

Da W den T in Schach gehalten hat, hatte er sich des T durch Erlangung anhaltender physischer Gewalt bemächtigt. Dieses geschah auch – zumindest auf der Grundlage des BGH – in erpresserischer Absicht, da die Verwirklichung des geplanten Raubes zugleich eine geplante Erpressung darstellt,[271] die lediglich aus Gründen der Konkurrenz im Schuldspruch nicht erscheint. Allerdings ist der Tatbestand wegen der hohen Strafandrohung im Zwei-Personen-Verhältnis teleologisch einzuschränken.[272] Zum einen muss der Täter eine eigenständige Bemächtigungssituation und eine gewisse Stabilisierung der Lage erreicht haben, zum anderen muss er unterschiedliche Nötigungsmittel im Hinblick auf die Tathandlung des § 239 a

268 BGH NStZ 2017, 465.
269 BGH RÜ 2003, 500; RÜ 2008, 643, 645.
270 Zum Streitstand Fischer § 253 Rn. 10, 11; AS-Skript Strafrecht BT 1 (2018), Rn. 544 ff.
271 BGH NStZ 2003, 604.
272 BGHSt 40, 350.

und der in Aussicht genommenen Erpressung einsetzen. Hieran hat es vorliegend gefehlt. Als Druckmittel wurde ausschließlich der Einsatz der Eisenstange angedroht. Das Zwangsmittel des Raubes und des Sichbemächtigens waren identisch.

Mithin scheidet ein erpresserischer Menschenraub aus.

V. Der gemeinschaftliche **Hausfriedensbruch** gemäß **§§ 123 Abs. 1 Alt. 1, 25 Abs. 2** ist mangels Strafantrages (§ 123 Abs. 2) nicht verfolgbar.

Ergebnis: I und W haben sich wegen gemeinschaftlich begangenen versuchten besonders schweren Raubes in Tateinheit mit gefährlicher Körperverletzung gemäß §§ 249, 250 Abs. 2 Nr. 1, 223, 224 Abs. 1 Nr. 1, Nr. 3, 25 Abs. 2, 52 strafbar gemacht.

Fall 31: Lippenpflegestift als Raubmittel
(BGH, RÜ 2007, 198; RÜ 2011, 506)

Die A begab sich in der Absicht, einen Überfall zu verüben, in ein Geschäft. Als ihr die dort tätige Verkäuferin V den Rücken zuwandte, holte A aus ihrer Handtasche einen Lippenpflegestift („Labello"), trat hinter V und drückte ihr eine Ecke des Stiftes in den Rücken. Sie beabsichtigte, bei V die Vorstellung hervorzurufen, mit einer Waffe bedroht zu werden. Unter dem Eindruck des ihr von A weiterhin in den Rücken gehaltenen Labello-Stiftes, den V für die Spitze eines Messers, einer Schere oder eines ähnlich gefährlichen Gegenstandes hielt, ließ sie es zu, dass A in die Kasse griff, dieser 280 € entnahm und das Geschäft verließ.

Strafbarkeit der A?

I. A könnte einen **Raub** gemäß **§ 249 Abs. 1** begangen haben, als sie nach Einsatz des Labello-Stiftes mit dem Geld das Geschäft verließ.

1. Dann müsste A die V mit **gegenwärtiger Gefahr für Leib oder Leben bedroht** haben.

Drohung ist das Inaussichtstellen eines Übels, auf das der Täter Einfluss hat oder zu haben vorgibt. Auf die Ernstlichkeit der Drohung kommt es nicht an, soweit das Opfer die Drohung ernst nehmen soll und nimmt. Das angekündigte Übel muss die körperliche Unversehrtheit oder Leben des Opfers betreffen, wobei unerhebliche Körperverletzungen nicht genügen.[273] Gegenwärtig ist die Gefahr, wenn ein Schadenseintritt bei ungestörter (natürlicher) Weiterentwicklung der Dinge als sicher oder höchst wahrscheinlich zu erwarten ist, falls nicht alsbald eine Abwehrmaßnahme ergriffen wird. Das schädigende Ereignis muss nicht mit Sicherheit unmittelbar bevorstehen.[274] Auch eine konkludente Drohung ist möglich, soweit das angekündigte Übel durch das Verhalten des Täter hinreichend deutlich wird.[275]

Beachte: A will auch täuschen, deshalb § 263 nicht vergessen!

A drückte V eine Ecke des Stiftes in den Rücken und wollte in ihr den Eindruck hervorrufen, dass es sich hierbei um eine Waffe handelte. Nach den Gesamtumständen stellte A damit in Aussicht, V mit einer Waffe zu stechen, wenn sie sich wehren würde. Tatsächlich stand V auch unter diesem Eindruck und hatte Furcht, dass die A mit diesem gefährlichen Gegenstand zustechen könnte. Somit hat A qualifiziert gedroht.

2. A nahm daraufhin Geldscheine – fremde bewegliche Sachen – im Wert von 280 € weg. Sie hat den Gewahrsam der V bzw. des Geschäftsherrn gebrochen und neuen Gewahrsam spätestens mit Verlassen des Geschäfts begründet.

3. A handelte vorsätzlich und in der Absicht rechtswidriger Zueignung. Rechtfertigungs- und Entschuldigungsgründe lagen nicht vor.

Ergebnis: A ist wegen Raubes gemäß § 249 Abs. 1 strafbar.

---

273 Rengier BT I § 7 Rn. 18, 19.
274 BGH NStZ 2015, 36.
275 BGH NStZ-RR 2015, 373.

II. Die Tat könnte weiterhin gemäß § 250 Abs. 2 Nr. 1 oder nach § 250 Abs. 1 Nr. 1 b qualifiziert sein.

1. In Betracht kommt ein **besonders schwerer Raub** nach **§ 250 Abs. 2 Nr. 1**.

Dann müsste A bei der Tat eine Waffe oder ein **anderes gefährliches Werkzeug verwendet** haben. Bei dem eingesetzten Labello-Stift könnte es sich um ein derartiges „anderes gefährliches Werkzeug" handeln. Der Gegenstand muss allerdings, wenn er nicht konkret zu Verletzungszwecken eingesetzt wird, zumindest abstrakt gefährlich sein. Werden an sich ungefährliche Mittel nur für eine (vorgetäuschte) Drohung verwendet, genügt dies nicht für § 250 Abs. 2 Nr. 1.[276] Ein Labello-Stift ist in keiner Weise geeignet, erhebliche Verletzungen zu bewirken. Die Voraussetzungen eines besonders schweren Raubes sind daher nicht erfüllt.

2. Es könnte aber ein schwerer Raub nach **§ 250 Abs. 1 Nr. 1 b** vorliegen.

Dazu müsste der Labello-Stift ein sonstiges Werkzeug oder Mittel gewesen sein, das A bei sich führte, um den Widerstand einer anderen Person durch Gewalt oder Drohung mit Gewalt zu verhindern oder zu überwinden.

Nach dem Wortlaut von § 250 Abs. 1 Nr. 1 b kann ein beliebiger Gegenstand die Qualifikation erfüllen, soweit der Täter einen entsprechenden Verwendungsvorbehalt hat.

Allerdings werden nach Systematik und der Entstehungsgeschichte[277] nur sog. Scheinwaffen von § 250 Abs. 1 Nr. 1 b erfasst. Angesichts der erhöhten Strafandrohung müssen die Gegenstände geeignet sein, bei der Verwendung eine vergleichbare Bedrohungswirkung zu erzeugen wie Waffen oder gefährliche Werkzeuge.[278] Nach dem BGH ist dies nicht der Fall, wenn die objektive Ungefährlichkeit eines vorgeblich gefährlichen Gegenstands schon nach dessen äußeren Erscheinungsbild offenkundig auf der Hand liegt. Unerheblich ist, ob im konkreten Einzelfall das Tatopfer eine solche Beobachtung tatsächlich machen konnte oder ob der Täter dies durch sein täuschendes Vorgehen gerade vereitelt hat.[279]

A setzte den Labello-Stift allein zur Täuschung über dessen wahre Eigenschaft gegenüber V ein und nutzte deren – durch den Irrtum hervorgerufene – Ängstlichkeit zur Tatbegehung aus. Ein objektiver Betrachter hätte dagegen ohne weiteres sofort erkannt, dass von dem Labello-Stift keinerlei Gefahr ausging.

Damit hat die A keinen qualifizierten Raub begangen.

III. A hat sich durch ihr Verhalten wegen **Nötigung** gemäß **§ 240 Abs. 1** und wegen **Diebstahls** gemäß **§ 242 Abs. 1** strafbar gemacht.

IV. Überdies könnte die A einen **Betrug** gemäß **§ 263 Abs. 1** begangen haben, als sie den Labello-Stift als scheinbare „Waffe" gegen V einsetzte.

Nicht vergessen bei „Scheinwaffen"

Dann müsste die A über Tatsachen getäuscht haben. Mit ihrem Verhalten und dem Einsatz des Labello-Stiftes erklärte die A zugleich gegenüber V in

276 Rengier BT I § 8 Rn. 20, 21.

277 Vgl. dazu Fischer § 250 Rn. 10.

278 BGH RÜ 2011, 506 m.w.N.; Fischer § 250 Rn. 10.

279 BGH NStZ 2011, 278; RÜ 2018, 32, 34; siehe zur Kasuistik auch Godendorff NStZ 2018, 321 ff.

schlüssiger Weise, dass sie bei der Tat eine Waffe bzw. ein gefährliches Werkzeug verwenden würde.

Allerdings scheidet nach h.M. ein Betrug jedenfalls im Ergebnis aus, wenn die Täuschung dazu dienen soll, eine ausgesprochene Drohung zu verstärken. Entweder tritt der Betrug aus Gründen der Gesetzeskonkurrenz hinter dem Raubdelikt zurück[280] oder der Tatbestand ist schon nicht erfüllt.[281] Es ist überzeugend eine betrugsrelevante Täuschung zu verneinen, wenn das täuschende Verhalten lediglich dazu dient, eine Bedrohung zu realisieren oder diese zu verstärken. So liegt es hier, denn A ging es in erster Linie darum, den Willen der V durch die „täuschende" Drohung auszuschalten.

A hat sich somit nicht wegen Betrugs strafbar gemacht.

Konkurrenzen und Ergebnis: A ist wegen Raubes gemäß § 249 Abs. 1 strafbar. Die zugleich verwirklichte Nötigung und der Diebstahl treten im Wege der Gesetzeskonkurrenz als durch § 249 Abs. 1 mitverwirklicht zurück.

---

280 Sch/Sch/Bosch § 253 Rn. 33.
281 BGHSt 23, 294.

9. Teil: (Räuberische) Erpressung; Raub mit Todesfolge

Fall 32: Räuberische Erpressung durch gewaltsame Wegnahme einer Sache ohne Zueignungsabsicht

(BGHSt 14, 387)

Der A ließ sich vom Taxifahrer T zum Bahnhof fahren. Unterwegs bat er den Fahrer, anzuhalten, da er austreten müsse. Als er zum Taxi, das T in der Fahrtunterbrechung in einer Parkbucht abgestellt hatte, zurückkam, zog er plötzlich eine geladene Gaspistole aus der Tasche und gab zwei Schüsse auf den im Wagen sitzenden T ab. Mindestens ein Schuss traf T ins Gesicht, der – nicht lebensgefährliche – Verletzungen erlitt und orientierungslos wurde. A zerrte den benommenen T aus dem Wagen, setzte sich selbst ans Steuer und fuhr mit dem Taxi weg. Er fuhr einige Zeit in der Gegend umher, brach dann die Fahrt ab und stellte sich – wie von Anfang an geplant – der Polizei. Dabei erklärte er unwiderlegt, er habe sich aus einer „Laune" heraus gewaltsam das Taxi besorgt, da er so gerne einmal habe Auto fahren wollen.

Strafbarkeit des A? Etwa erforderliche Strafanträge sind gestellt.

I. A könnte einen **Raub** gemäß **§ 249 Abs. 1** begangen haben, indem er auf T schoss und anschließend mit dem Taxi davonfuhr.

Ein versuchte Tötungsdelikt muss angesichts des Tatmittels nicht erörtert werden. Auch auf die Raubqualifikationen muss hier noch nicht eingegangen werden, da ersichtlich § 249 ohnehin nicht erfüllt ist.

1. A setzte gegen T **Gewalt** ein, als er ihm mit der Gaspistole ins Gesicht schoss. Mittels dieser Gewaltanwendung nahm er anschließend das Taxi weg, als er durch Wegfahren vom Tatort den Gewahrsam des T brach und eigenen Gewahrsam begründete.

2. A handelte **vorsätzlich**. Zweifel bestehen an der **Zueignungsabsicht**. A handelte nicht in der Vorstellung, den berechtigten Taxifahrer auf Dauer zu enteignen. Vielmehr wollte er das Taxi nur vorübergehend ohne erhebliche Substanzverletzung oder Wertminderung gebrauchen. Er handelte also ohne Enteignungsvorsatz.

Fehlt bei gewalttätiger Wegnahme die Zueignungsabsicht,[282] kommt es in der Regel auf den Streit um das Erfordernis der Vermögensfügung bei der (räuberischen) Erpressung an.

Die Strafbarkeit wegen Raubes scheidet aus.

II. A könnte aber eine **besonders schwere räuberische Erpressung** gemäß **§§ 253 Abs. 1, 255, 250 Abs. 2 Nr. 1** begangen haben, als er zwei Schüsse auf den Taxifahrer abgab und anschließend mit dem Taxi davonfuhr.

1. A schoss dem T mit der Gaspistole ins Gesicht und wendete damit Gewalt gegen ihn an.

2. Weiterhin hat A einen **Nötigungserfolg** herbeigeführt, da T durch die Schüsse dazu gezwungen wurde, die Wegnahme des Taxis zu dulden. Umstritten ist allerdings, ob bei der (räuberischen) Erpressung jeglicher Nötigungserfolg ausreicht oder ob dieser eine Vermögensverfügung darstellen muss.[283]

Arbeiten Sie hier sauber: Es geht nicht um die Abgrenzung Raub/räuberische Erpressung, denn ein Raub liegt ja ohnehin nicht vor. Entscheidend ist lediglich, ob die (räuberische) Erpressung eine Vermögensverfügung erfordert oder nicht.

282 Vgl. zu einem solchen Fall auch BGH RÜ 2011, 309.

283 Siehe weiterführend zur Abgrenzung von Raub/räuberischer Erpressung AS-Skript Strafrecht BT 1 (2018), Rn. 458 ff., 542 ff.

a) Der BGH und ein Teil der Lit. orientieren sich am Wortlaut des § 253 und verzichten daher auf eine Vermögensverfügung.[284] Erfasst sei auch eine mit absolut wirkender Gewalt verursachte Duldung der Vermögensschädigung. Danach sind §§ 253, 255 **Fremdschädigungsdelikte**, die strukturell § 240 ähneln. Es sei nicht ersichtlich, dass der Begriff „Gewalt" in §§ 253, 255 eine andere Bedeutung haben soll als in § 240. Danach ist es unerheblich, dass T nicht mehr in der Lage war, sich willentlich selbst zu schädigen, sondern von A zur Duldung der Wegnahme des Taxis gezwungen worden ist.

b) Die Verfügungslehre sieht die Erpressung dagegen als **Selbstschädigungsdelikt**, das strukturell mit dem Betrug nach § 263 vergleichbar sei. Daher setze die Erpressung eine Vermögensverfügung des Genötigten voraus, sodass sich der Vermögensverlust als eine freiwillige Willensbetätigung des Opfers darstellt. Der Auffassung des BGH wird vorgeworfen, sie mache den Tatbestand des Raubes praktisch überflüssig, da die gewaltsame Wegnahme von wertlosen Sachen kaum vorkomme. Auch sei die Stellung des § 255 als Grundtatbestand der Raubdelikte nicht erklärlich, da die Norm seinerseits hinsichtlich der Rechtsfolgen auf § 249 verweist. Weiterhin führe das extensive Verständnis der Erpressung zu einer nicht gerechtfertigten Strafschärfung für Taten, bei denen aufgrund der fehlenden Zueignungsabsicht kein Raub in Betracht kommt.[285] Auch wenn im Lager der Verfügungslehre im Einzelnen Streit darüber besteht, welche Mindestanforderungen an die Willensbetätigung des Erpressungsopfers zu stellen sind,[286] konnte jedenfalls T, der durch den Gesichtstreffer orientierungslos und benommen war, keinen eigenständigen Willen hinsichtlich einer Verfügung über das Taxis mehr bilden. Vielmehr schaltete A seinen Willen aus und zerrte ihn aus dem Taxis. Nach der Verfügungslehre scheidet eine räuberische Erpressung somit aus.

c) Der Vergleich mit der Struktur des Betrugs ergibt sich nicht aus dem Wortlaut des Erpressungstatbestandes und ist aus der Systematik nicht zwingend. Gegen die Verfügungslehre spricht insbesondere, dass nicht erklärbar ist, dass ein Täter, der absolut wirkende Gewalt anwendet und damit eine Willensbildung beim Opfer unmöglich macht, besser gestellt werden soll als derjenige, der nur mit willensbeugender Gewalt oder Drohung vorgeht. Auch das Argument der Umgehung von tatbestandlichen Privilegierungen bei fehlender Zueignungsabsicht verfängt nicht, da aus dem Nichtvorliegen eines Raubes nicht zwingend folgt, dass der Täter sich nicht wegen räuberischer Erpressung strafbar macht, soweit deren Voraussetzungen vorliegen.

Daher ist unerheblich, dass T nicht über Vermögen verfügte, da A ihn zur Duldung der Wegnahme des Taxis zwang.

3. Dem **Vermögen** des T müsste ein **Nachteil** zugefügt worden sein. T verlor den Besitz an seinem Fahrzeug, ihm wurde das Taxi während des Zeitraums des Vorenthaltens für gewinnbringende Fuhren entzogen. Damit entstand T unter wirtschaftlichen Gesichtspunkten ein materieller Schaden.

---

284 BGHSt 14, 386; BGH NStZ 2002, 31, 32; NJW 2018, 245; Rönnau JuS 2012, 888 ff.

285 Siehe etwa m.w.N. Rengier BT I § 11 Rn. 25 ff.; Wessels/Hillenkamp/Schuhr BT 2 Rn. 712 ff.

286 Dazu Rengier BT I § 13 Rn. 34 ff.

4. Die Tat könnt auch nach § 250 Abs. 2 Nr. 1 qualifiziert sein. Dazu müsste A bei der Tat eine **Waffe verwendet** haben. Nach dem strafrechtlichen Waffenbegriff sind hierunter bewegliche Sachen zu verstehen, die ihrer Art nach zur Verursachung erheblicher Verletzungen von Personen generell geeignet und bestimmt sind. Eine funktionstüchtige und geladene Gaspistole, bei der – wie üblich – die Gase nach vorn austreten, erfüllt diese Anforderungen an eine Waffe.[287] A beging schließlich die räuberische Erpressung unter Verwendung dieser Waffe, als er auf T schoss.

Da der räuberische Erpresser „gleich einem Räuber" zu bestrafen ist, sind die Raubqualifikationen nach §§ 250, 251 anwendbar.

5. A handelte **vorsätzlich**, auch hinsichtlich der qualifizierenden Umstände, und überdies in der **Absicht**, sich zu Unrecht (gemeint: zivilrechtlich rechtswidrig) **zu bereichern**, da er für einen gewissen Zeitraum das Taxi mit seiner Gebrauchsfähigkeit als Kraftfahrzeug benutzen wollte. Dieser von A erstrebte Vorteil entsprach stoffgleich dem bei T eingetretenen wirtschaftlichen **Schaden**.

6. A handelte **rechtswidrig** sowie **schuldhaft**.

A hat sich wegen besonders schwerer räuberischer Erpressung strafbar gemacht.

III. A könnte sich wegen **räuberischen Angriffs auf Kraftfahrer** gemäß **§ 316 a Abs. 1** strafbar gemacht haben, indem er T überfiel.

Auch wenn § 316 a eine höhere Strafandrohung hat, bietet es sich an, den Tatbestand erst nach dem Raubdelikt zu prüfen, da dann im subjektiven Tatbestand des § 316 a nach oben verwiesen werden kann. Nach der neueren Rspr. ist § 316 a restriktiv auszulegen,[288] was insbesondere das Merkmal der Ausnutzung der besonderen Verhältnisse des Straßenverkehrs betrifft.

T müsste zum Zeitpunkt des Angriffs **Führer eines Kraftfahrzeugs** gewesen sein. Führer ist, wer das Kfz in Bewegung zu setzen beginnt, es in Bewegung hält oder allgemein mit dem Betrieb des Fahrzeugs und/oder mit der Bewältigung von Verkehrsvorgängen beschäftigt ist.[289] Bei einem nicht verkehrsbedingten Halt ist das Opfer nur dann noch Führer eines Kfz, wenn und solange es mit der Bewältigung von Verkehrsvorgängen beschäftigt ist, z.B. bei laufendem Motor dauernd die Fußbremse betätigt.[290] T hatte das Taxi während der von A gewünschten Fahrtunterbrechung in einer Parkbucht abgestellt und es ist nicht ersichtlich, dass er weiterhin auf den Verkehr achten musste. Daher war er nicht mehr Kraftfahrzeugführer i.S.v. § 316 a Abs. 1.

A hat sich nicht wegen räuberischen Angriffs auf Kraftfahrer strafbar gemacht.

IV. A hat eine gefährliche **Körperverletzung** gemäß **§§ 223 Abs. 1, 224 Abs. 1 Nr. 2** begangen, als er vorsätzlich mit der Gaspistole ins Gesicht schoss und dadurch verletzte.

V. Durch das Umherfahren mit dem Taxi hat sich A weiterhin wegen des unbefugten Gebrauchens von Fahrzeugen gemäß § 248 b Abs. 1 strafbar gemacht. Der nach § 248 b Abs. 3 erforderliche Strafantrag ist gestellt.

Konkurrenz und Ergebnis: § 248 b Abs. 1 tritt formell subsidiär hinter der besonders schweren räuberischen Erpressung zurück. A hat sich wegen besonders schwerer räuberischer Erpressung und gefährlicher Körperverletzung in Tateinheit (§ 52) strafbar gemacht.

287 Fischer § 250 Rn. 5 m.w.N.
288 Vgl. etwa BGH RÜ 2014, 788; RÜ 2018, 378.
289 Fischer § 316 a Rn. 4.
290 BGH NStZ 2018, 469 m.w.N.

Fall 33: Verwenden einer Schreckschusspistole beim Banküberfall
(BGHRÜ 1999, 199; RÜ 2003, 270)

A hatte den Entschluss gefasst, sich durch einen Banküberfall Geld zu verschaffen. Als er in dieser Absicht mit einer geladenen Schreckschusspistole in der Hand und einer Sturmhaube auf dem Kopf die Schalterhalle einer Sparkasse betrat, befand sich dort zu seiner Überraschung niemand. Der schusssicher verglaste Kassenschalter und der teilverglaste Kundenserviceschalter waren nicht besetzt. In der Annahme, ein Kunde habe die Schalterhalle betreten, begab sich die Angestellte K aus dem für Kunden nicht einsehbaren Frühstücksraum in den Kassenschalterbereich. A richtete die Waffe auf sie und rief: „Geld her oder ich warte auf einen Kunden, der dann dran glauben muss!". K, die sich bereits im Bereich des schusssicher verglasten Kassenraums befand, hatte in diesem Moment weniger Angst um ihre eigene Person, wohl aber vor einer von ihr befürchteten Geiselnahme. Daher kam sie der Aufforderung des A nach und reichte ihm durch den Kassenschlitz 10.000 € Bargeld. A verließ mit der Beute die Bank.

Strafbarkeit des A? Ggf. erforderliche Strafanträge sind gestellt.

Hinweis: Die von A benutzte Schreckschusspistole dient nach Herstellerangaben der Selbstverteidigung. Die Pistole wird mit Patronen geladen, die beim Abfeuern einen lauten Knall erzeugen, wobei der Abschreckungseffekt dadurch verstärkt wird, dass der Explosionsdruck nach vorne austritt. Auch wenn keine Projektile verschossen werden können, können nach den Herstellerangaben, die auch A bekannt waren, im Nahbereich erhebliche Verletzungen eintreten.

Angesichts äußerlicher Herausgabe sollte sogleich räuberische Erpressung geprüft werden. Eine langatmige Abgrenzung zum Raub ist nicht erforderlich.

I. A könnte sich wegen **besonders schwerer räuberischer Erpressung** gemäß **§§ 253 Abs. 1, 255, 250 Abs. 2 Nr. 1** strafbar gemacht haben, als er K mit einer angekündigten Geiselnahme veranlasste, das Geld herauszugeben.

1. A könnte zunächst **Gewalt** gegen K ausgeübt haben. Die ältere Rspr. hatte zumindest beim Vorhalten einer Schusswaffe aus nächster Nahe einer körperliche Zwangsanwendung bejaht, indem das Opfer in den Zustand starker seelischer Erregung versetzt wird.[291] Dieser stark vergeistigte Ansatz ist jedoch schon grundsätzlich überholt[292] und weiterhin bestand für K auch keine unmittelbar Gefahr, zumal A nur eine Schreckschusspistole hat. A hat damit keine Gewalt angewendet.

2. A stellte K in Aussicht, den nächsten Kunden als Geisel zu nehmen und ggf. zu töten, wenn er kein Geld ausgehändigt bekommen sollte. Damit **drohte** er ihr mit **gegenwärtiger Gefahr für das Leben** eines Dritten. Nach h.M. reicht die Drohung zum Nachteil Dritter aus, wenn der Genötigte das einem anderen Angedrohte auch für sich selbst als Übel empfindet.[293] Dass für eine Bankangestellte die Geiselnahme oder gar Tötung eines Bankkunden einen erheblicher Nachteil darstellt und sie dazu bringt, den

291 BGHSt 23, 126, 127.
292 Rengier BT I § 7 Rn. 16.
293 Fischer § 255 Rn. 3 m.w.N.

Forderungen des Drohenden nachzukommen, liegt auf der Hand.[294] Somit hat A qualifiziert gedroht i.S.v. § 255.

3. Dadurch kam es auch zu einem **Nötigungserfolg**, indem K das Bargeld herausgab, um die Geiselnahme zu verhindern. K traf auch eine freiwillige Vermögensverfügung in dem Sinne, dass es allein von ihrem Willensentschluss in der schusssicheren Kassenzelle abhängig war, ob A das Bargeld erhielt oder nicht. Das Herausgabeverhalten durch K war für A zwingend erforderlich, da er ohne diesen notwendigen Mitwirkungsakt nicht an das Bargeld herangekommen wäre. Daher lag auch eine Vermögensverfügung, wenn man diese für erforderlich hält, vor.

Siehe ausführlich zum Streit um die Vermögensverfügung Fall 32.

Wenn nach allen Kriterien eine Vermögensverfügung vorliegt, kommt es auf den Streit nicht an.

4. K hat allerdings nicht über ihr eigenes Vermögen, sondern über das der Bank verfügt. Auch die Rspr., die auf eine Vermögensverfügung als Opferverhalten verzichtet, überträgt die Grundsätze des Dreiecksbetrugs zumindest teilweise auf die Erpressung. Es ist weder eine rechtliche Verfügungsmacht noch eine tatsächliche Herrschaftsgewalt des Genötigten über die fremden Vermögensgegenstände erforderlich. Dennoch kann nicht jedes einem Dritten abgenötigte vermögensschädigende Verhalten eine Strafbarkeit wegen Erpressung begründen. Zwischen dem Genötigten und dem in seinem Vermögen Geschädigten muss ein Näheverhältnis bestehen, sodass das Nötigungsopfer spätestens im Zeitpunkt der Tatbegehung auf der Seite des Vermögenträgers steht. Das Unrecht der **Dreieckserpressung** liegt darin, dass der Täter die von einem Dritten im Interesse des Vermögensinhabers wahrgenommene Schutzfunktion mit Nötigungsmitteln aufhebt.[295] K stand als Angestellte der Bank in einem ausreichenden Näheverhältnis, da sie als Kassiererin sogar berechtigt war, Verfügungen für die Sparkasse zu treffen.

Steht der genötigte Dritte den Vermögensinteressen des Geschädigten hingegen gleichgültig gegenüber, kommt lediglich eine Strafbarkeit wegen Nötigung in Tateinheit mit Anstiftung zum Diebstahl oder Diebstahl in mittelbarer Täterschaft in Betracht.

5. Der Bank war durch die Herausgabe des Geldes auch ein **Vermögensnachteil** i.H.v. 10.000 € entstanden.

6. A könnte durch das Zielen mit der geladenen Schreckschusspistole auch eine **Waffe bei der Tat verwendet** haben, § 250 Abs. 2 Nr. 1.

a) Der Waffenbegriff bestimmt sich – wie auch bei § 244 Abs. 1 Nr. 1 a und § 250 Abs. 1 Nr. 1 a – nach einer strafrechtsautonomen Auslegung und ist damit unabhängig vom formalen Waffenbegriff des Waffenrechts. Erfasst sind alle Gegenstände, die objektiv gefährlich und ihrer Art und Bestimmung nach zur Herbeiführung erheblicher Verletzungen generell geeignet sind. Erforderlich ist daher, dass die Waffe gebrauchsfähig ist oder zumindest ohne größeren zeitlichen Aufwand gebrauchsfähig gemacht werden kann.[296]

Der BGH sieht auch geladene Schreckschusspistolen zutreffend als Waffe. Maßgeblich ist, dass die Gefährlichkeit einer geladenen Schreckschusswaffe mit einer Gaswaffe, die nicht nur einen Knall erzeugt, sondern auch Reizgas verschießt, gleichzustellen ist. Wenn beim Abfeuern der Explosionsdruck nach vorn aus dem Lauf austritt, sind auch Schreckschusspistolen ihrer Beschaffenheit nach geeignet, erhebliche Verletzungen hervorzurufen

294 Vgl. Fischer § 255 Rn. 3.
295 BGHSt 41, 123, 125 f.; BGH NStZ-RR 2014, 246.
296 Fischer § 244 Rn. 3, 5.

und können sogar tödlich wirken.[297] Für die strafrechtliche Einordnung dieses Gegenstandes als Waffe ist dabei unerheblich, dass der Täter sich noch weit vom Opfer entfernt befindet oder aus anderen Gründen eine Verletzung ausgeschlossen ist.

Bei der Schreckschusspistole des A trat der Druck nach vorne aus, sodass sie erhebliche Verletzungspotential hatte. Da es nur auf Gefährlichkeit der Schreckschusspistole ankommt, spielt es keine Rolle, dass K im Kassenbereich selbst nicht gefährdet war.

„Verwenden" heißt nicht notwendig „Schießen"

b) Für das **Verwenden** ist nicht erforderlich, dass die Waffe als Verletzungs- oder Gewaltmittel eingesetzt wird, sondern es genügt die Benutzung als Drohmittel.[298] Da A die Schreckschusspistole auf K richtete, um sie zur Herausgabe des Geldes zu bewegen, hat er die Waffe also verwendet.

A hat die Tat damit unter den Voraussetzungen von § 250 Abs. 2 Nr. 1 begangen.

7. A handelte vorsätzlich, auch hinsichtlich der qualifizierenden Umstände, sowie in der **Absicht**, sich zu Unrecht **zu bereichern**.

8. Die Tat war **rechtswidrig** und **schuldhaft**.

A hat sich wegen besonders schwerer räuberischer Erpressung strafbar gemacht. Die zugleich verwirklichte Nötigung gemäß § 240 Abs. 1 tritt zurück.

II. Indem A mit der Pistole und einer Sturmhaube die Sparkasse betrat, hat er sich auch wegen **Hausfriedensbruchs** gemäß **§ 123 Abs. 1** strafbar gemacht. Obwohl die Sparkasse generell für den Besucherverkehr geöffnet war, wich A schon durch sein Aussehen erkennbar von dem Personenkreis, denen das Betreten gestattet ist, ab. Der nach § 123 Abs. 2 erforderliche Strafantrag ist gestellt.

Konkurrenzen und Ergebnis: A hat sich wegen besonders schwerer räuberischer Erpressung gemäß §§ 253 Abs. 1, 255, 250 Abs. 2 Nr. 1 in Tateinheit (§ 52) mit Hausfriedensbruch gemäß § 123 Abs. 1 strafbar gemacht.

---

297 Grundlegend BGH RÜ 2003, 270.

298 Fischer § 250 Rn. 18.

Fall 34: Raub mit Todesfolge in der Beendigungsphase
(BGHSt 38, 295)

Der maskierte K überfiel eine Bank und kündigte dem Kassierer bei Gegenwehr den Tod an. Dann nahm er dem verängstigten Kassierer 2.500 € aus der geöffneten Kasse. Bei der anschließenden Flucht wurde er von Bankmitarbeitern und Polizeibeamten verfolgt. K erreichte den mehrere hundert Meter entfernt liegenden Bahnhofsplatz, als ihn ein verfolgender Polizeibeamter, P, fast eingeholt hatte. Um nicht identifiziert und festgenommen zu werden, setzte K nun eine Pistole ein, die er die gesamte Zeit verdeckt und geladen in der Tasche getragen hatte. Ein von ihm mit Tötungswillen auf P gerichteter Schuss verfehlte diesen und traf die Passantin X tödlich. K, der die X zuvor nicht wahrgenommen hatte, konnte unerkannt entkommen.

Strafbarkeit des K nach dem StGB? § 123 ist nicht zu prüfen.

A. Das Geschehen in der Bank

Es bietet sich an, chronologisch zu prüfen, da das Geschehen auf der Flucht von der Bewertung der ersten Tatphase abhängt.

K könnte sich wegen **schweren Raubes** gemäß **§§ 249 Abs. 1, 250 Abs. 1 Nr. 1 a** strafbar gemacht haben, indem er das Geld an sich nahm.

I. K hat den Kassierer mit dem Tod, also einer gegenwärtigen Gefahr für das Leben, **bedroht**, um so das im Eigentum der Bank stehende Bargeld aus der Kasse **wegnehmen** zu können.

II. K hatte dabei eine geladene Schusswaffe in der Tasche und hat damit eine Waffe bei sich geführt i.S.v. § 250 Abs. 1 Nr. 1 a.

III. Er handelte **vorsätzlich**, mit der **Absicht rechtswidriger Zueignung** sowie **rechtswidrig** und **schuldhaft**.

Die Probleme liegen hier nicht im Geschehen der ersten Tatphase, sondern bei der folgenden Flucht, sodass zunächst knapp geprüft werden kann.

Er hat sich somit wegen schweren Raubes strafbar gemacht. Die zugleich verwirklichten Tatbestände des Diebstahls und der Nötigung treten zurück.

B. Die Flucht

I. K könnte einen **Totschlag** gemäß **§ 212 Abs. 1** an der X begangen haben, indem er auf P schoss.

1. Der Schusswaffengebrauch des K verursachte den **Tod** der X.

2. Als er die Schusswaffe einsetzte, wollte K den ihn verfolgenden Polizeibeamten P töten. Sein Angriff richtete sich aus seiner Sicht nicht gegen die Passantin X, die er noch nicht einmal wahrgenommen hatte, sodass die Annahme eines bedingten Tötungsvorsatzes ausscheidet.

Nach überwiegender Ansicht ist von einem Fehlgehen der Tat (sogenannte aberratio ictus) auszugehen,[299] sodass **mangels Vorsatz** eine Bestrafung wegen vollendeten Totschlags gemäß § 16 Abs. 1 S. 1 ausgeschlossen ist.

II. Mit dem Schuss könnte sich K wegen **versuchten Mordes** gemäß **§§ 211, 22, 23 Abs. 1** zulasten des P strafbar gemacht haben.

1. Die Tat ist nicht vollendet, da P nicht getroffen worden ist. Der Versuch ist nach § 23 Abs. 1 strafbar, da Mord ein Verbrechen ist.

---

299 Weiterführend AS-Skript StrafR AT 2 (2019), Rn. 354 ff.

2. K hatte den **Tatentschluss**, einen Menschen, nämlich den ihn verfolgenden Polizeibeamten, zu töten. Weiterhin müsste er Tatentschluss hinsichtlich der Verwirklichung von Mordmerkmalen gefasst haben.

a) Denkbar ist zunächst die Vorstellung einer Tötung mit **gemeingefährlichen Mitteln**. Dazu muss der Täter ein Mittel einsetzen, das in der konkreten Tatsituation eine unbestimmte Mehrzahl von Menschen an Leib oder Leben gefährdet.[300] K konnte zwar davon ausgehen, dass der Schuss verschiedene Personen, die ihn verfolgten, gefährden könnte. Allerdings wollte K nur einmal schießen, sodass er nicht die Vorstellung hatte, eine unbestimmte Anzahl von Menschen zu gefährden.

b) Eine Tötung aus **Habgier** würde voraussetzen, dass K mit einem besonders gesteigerten Gewinnstreben handelte. Da es ihm jedoch nur noch um die Flucht, nicht aber um die Beute ging, handelte er nicht habgierig.

c) K könnte mit der **Absicht der Verdeckung** des zuvor begangenen schweren Raubes gehandelt haben. Bei der Verdeckungsabsicht geht es entweder um das Verdecken der Straftat insgesamt oder zumindest der Verantwortlichkeit hinsichtlich einer bereits bekannten Straftat. Verdeckungsabsicht liegt nicht vor, wenn der Täter davon ausgeht, dass Tat und Täterschaft bereits aufgedeckt sind und er sich nur noch der Festnahme entziehen will.[301] Ist nur die Tat entdeckt und der Täter nach seiner Vorstellung noch unerkannt, ist Verdeckungsabsicht aber zu bejahen, soweit es ihm maßgeblich um das Verhindern der Identifizierung als Tatverantwortlicher geht.[302] K war maskiert und ging davon aus, nicht identifiziert zu werden, wenn er fliehen würde. Es ging ihm also auch wesentlich darum, dass seine Verantwortlichkeit für das Raubdelikt nicht erkannt wird.

Somit handelte K mit Verdeckungsabsicht.

3. Durch das Abfeuern des Schusses in Richtung P hat K **unmittelbar** zur Tat **angesetzt**, § 22.

4. Er handelte auch **rechtswidrig** und **schuldhaft**.

K hat sich somit wegen versuchten Mordes strafbar gemacht.

III. Durch den Schuss auf P hat K sich weiterhin wegen **versuchter gefährlicher Körperverletzung** nach **§§ 223, 224 Abs. 1 Nr. 2 und 5, 22, 23 Abs. 1** strafbar gemacht. Diese Gesetzesverletzung tritt jedoch hinter dem versuchten Mord zurück.

IV. K könnte einen **Raub mit Todesfolge** gemäß **§§ 249 Abs. 1, 251** begangen haben, indem er auf der Flucht schoss.

1. K hat durch die Wegnahme des Geldes einen Raub begangen.

2. Durch den Schuss des K ist überdies der **Tod eines Menschen**, der X, verursacht worden.

3. Diese Todesfolge müsste gemäß § 251 **durch den Raub** und **wenigstens leichtfertig** verursacht worden sein.

---

300 BGHSt 34, 13, 14; BGH NStZ-RR 2017, 143.

301 BGH RÜ 2018, 29, 31.

302 BGH NStZ-RR 1997, 132; Fischer § 211 Rn. 68 a; vgl. auch BGH RÜ 2018, 29, 31.

a) Leichtfertig ist ein Verhalten, das bezogen auf den Todeseintritt einen erhöhten Grad von Fahrlässigkeit aufweist. Der Täter muss die sich ihm aufdrängende Möglichkeit eines tödlichen Verlaufs aus besonderem Leichtsinn oder besonderer Gleichgültigkeit außer Acht lassen.[304] Der Gebrauch einer Schusswaffe auf öffentlicher Straße, auf der sich noch andere Passanten befinden, zeigt, dass K der Tod anderer Menschen egal war. Er handelte damit leichtfertig hinsichtlich des Todes der X.

Ein wenigstens leichtfertiges Handeln liegt erst recht bei vorsätzlichem Handeln vor.[303]

b) Der Tod ist durch den Raub verursacht, wenn sich im tödlichen Erfolg die dem Grundtatbestand des § 249 Abs. 1 anhaftende Gefahr verwirklicht hat. Ein bloßer Kausalzusammenhang genügt nicht.[305] Der tatbestandsspezifische Gefahrzusammenhang liegt jedenfalls vor, wenn der Tod durch die Gefährlichkeit der Nötigungs- oder Gewalthandlung eintritt.[306] K hat den Tod jedoch erst nach der Vollendung der Wegnahme bei der Flucht verursacht. Fraglich ist, ob in dieser Tatphase der Tod noch durch den Raub verursacht werden kann.

Die Frage des tatbestandsspezifischen Gefahrzusammenhangs ist ein beliebtes Klausurproblem. Hier ist es kombiniert mit der Frage der sukzessiven Verwirklichung von Raubqualifikationen. Letztes Problem kann auch beim Diebstahl auftreten, z.B. wenn der Täter nach Vollendung einen gefährlichen Gegenstand ergreift.

aa) Vielfach wird eine sukzessive Verwirklichung von Raubqualifikationen grundsätzlich abgelehnt. Die Formulierung „durch den Raub" bei § 251 knüpfe an die spezifische Gefährlichkeit der Tatbegehung selbst an. Daher müssten die Wegnahmemittel den Tod realisieren.[307] Da die Wegnahme schon vollendet war und K nur zur Ermöglichung der Flucht schoss, hat er den Tod danach nicht durch den Raub verursacht.

bb) Der BGH bejaht den Gefahrzusammenhang aber auch dann, wenn die den Tod des Opfers herbeiführende Handlung zwar nicht mehr in finaler Verknüpfung mit der Wegnahme steht, sie mit dem Raubgeschehen aber derart eng verbunden ist, dass sich in der Todesfolge noch die der konkreten Raubtat eigentümliche besondere Gefährlichkeit verwirklicht. Es genüge, wenn der Täter die zum Tode führende Gewalt nicht mehr zur Ermöglichung der Wegnahme, sondern zur Flucht oder Beutesicherung anwendet, sofern das Raubdelikt noch nicht beendet war.[308] K wurde unmittelbar nach der Wegnahme des Geldes verfolgt, sodass die Beute noch nicht zur Ruhe gekommen und der Diebstahl damit noch nicht beendet war. Der Schuss zur Fluchtermöglichung stand danach noch in einer so engen Beziehung zum Raub, dass K den Tod der X durch den Raub verursacht hat.

cc) Gegen den BGH spricht jedoch zunächst der Wortlaut, der an die Raubtat selbst und nicht die Nachtatphase anknüpft. Weiterhin stellen sich Abgrenzungsfragen zum räuberischen Diebstahl, der Gewaltanwendungen bei der Fluchtphase nur bei einer entsprechenden Besitzerhaltungsabsicht unter Strafe stellt. Auch hat der BGH selbst bei der sukzessiven Verwirklichung von Raubqualifikationen nach § 250 einschränkend gefordert, dass der Täter weiterhin mit Zueignungs- oder Bereicherungsabsicht handelt.[309] Dass dies bei § 251 nicht gelten soll, leuchtet nicht ein.[310]

A.A ist natürlich mit der Rspr. vertretbar.

303 Grundlegend BGHSt 39, 100.
304 BGH NStZ 2015, 696, 697.
305 BGH NJW 2016, 2516, 2518.
306 Fischer § 251 Rn. 3 a.
307 Rengier BT I § 9 Rn. 8 m.w.N.
308 BGH RÜ 2016, 785, 786; NStZ 2017, 638.
309 BGH NStZ 2010, 327 m.w.N.
310 Rengier BT I § 9 Rn. 16.

Denkbar wäre noch eine kurze Prüfung eines Raubes mit versuchter Todesfolge hinsichtlich P, da der Tötungsvorsatz § 251 nicht ausschließt. Allerdings wäre der Tatentschluss zur Tötung „durch den Raub" nicht gegeben, da es K nur noch um die Flucht ging.

K hat den Tod der X also nicht durch, sondern erst nach dem vollendeten Raub verursacht. Daher hat er sich nicht wegen Raubes mit Todesfolge strafbar gemacht.

V. K könnte sich **wegen räuberischen Diebstahls mit Todesfolge** nach **§§ 252, 251** strafbar gemacht haben, indem er auf der Flucht schoss.

1. K wurde bei einem Raub auf frischer Tat, weil direkt bei der Tatbegehung, betroffen. Da in jedem Raub ein Diebstahl enthalten ist, ist auch § 249 eine taugliche Vortat für § 252.[311] K hat durch den Schuss auch Gewalt ausgeübt und damit die objektiven Voraussetzungen des § 252 erfüllt.

2. Subjektiv muss es dem Täter darauf ankommen, den Besitz des gestohlenen Gutes zu erhalten, sog. **Beutesicherungsabsicht.** Es genügt nicht, dass er sich lediglich der Strafverfolgung entziehen will. K ging es aber allein darum, dass er nicht identifiziert und festgenommen wird.

Mangels Beutesicherungsabsicht hat er sich damit nicht wegen räuberischen Diebstahls mit Todesfolge strafbar gemacht.

VI. K könnte sich wegen **besonders schweren Raubes** gemäß **§§ 249, 250 Abs. 2 Nr. 1** strafbar gemacht haben, indem er auf der Flucht schoss.

1. K hat nach der Begehung des Grunddelikts auf der Flucht durch das Schießen eine **Waffe verwendet** i.S.v. § 250 Abs. 2 Nr. 1.

Hier wird der Streit um die sukzessive Verwirklichung von Raubqualifikationen nochmals aufgegriffen, da K bei der „Grundtat" die Pistole nur in der Tasche hatte, sie aber nicht verwendete.

2. Fraglich ist, ob dies auch **bei der Tat** geschah, da der Raub selbst schon vollendet war. Überzeugend wird dies in der Lit. abgelehnt, da die Waffe oder das gefährliche Werkzeug zum Zwecke der Wegnahme eingesetzt werden muss.[312] Der BGH lässt zwar auch im Bereich des § 250 eine sukzessive Verwirklichung der Qualifikation zu, fordert dann allerdings, dass das den Qualifikationstatbestand erfüllende Handeln noch von Zueignungsabsicht (bzw. in Fällen der räuberischen Erpressung von Bereicherungsabsicht) getragen ist, also auf die Beutesicherung abzielt.[313]

K ging es allerdings nur noch um die Flucht, nicht mehr um die Beute, sodass er die Pistole nicht bei der Tat verwendete.

Ein besonders schwerer Raub ist damit nicht gegeben.

VII. Mit dem Schuss auf den Polizeibeamten P hat K sich wegen eines **tätlichen Angriffs auf Vollstreckungsbeamte in einem besonders schweren Fall** gemäß **§§ 114 Abs.1, 2 i.V.m. § 113 Abs. 2 S. 2 Nr. 1** und wegen **Widerstands gegen Vollstreckungsbeamte in einem besonders schweren Fall** gemäß **§ 113 Abs. 1, 2 S. 2 Nr. 1** strafbar gemacht.

VIII. Gegeben ist zudem eine **fahrlässige Tötung** der X gemäß **§ 222**.

Konkurrenzen und Ergebnis: Da K den Entschluss, auf Verfolger zu schießen, erst nach dem vollendeten Raub gefasst hat, ist von Handlungsmehrheit auszugehen. Daher liegt Tatmehrheit zwischen dem schweren Raub und den tateinheitlich verwirklichten Delikten des versuchten Mordes, des tätlichen Angriffs und des Widerstands gegen Vollstreckungsbeamte (jeweils in einem besonders schweren Fall) sowie der fahrlässigen Tötung vor.

---

311 Fischer § 252 Rn. 3.

312 Rengier BT I § 4 Rn. 49, § 8 Rn. 30 ff. m.w.N.

313 BGH NStZ 2010, 327 m.w.N.

10. Teil: Räuberischer Diebstahl

Fall 35: Betreffen des Diebes auf frischer Tat
(BGHSt 26, 95)

A betrat die Wohnung der Frau C durch eine nicht verschlossene Wohnungstür. Er durchsuchte die Wohnung und verstaute Schmuck und Bargeld in einer mitgeführten Aktentasche. Als er im Begriff war, die Wohnung zu verlassen, hörte er, wie die Wohnungstür geöffnet wurde. Er versteckte sich hinter einer Zimmertür. Als C das Zimmer betrat, versetzte er ihr mehrere Schläge mit der Faust auf den Kopf, bis sie zu Boden ging. Zu diesem Zeitpunkt wollte er noch den Besitz der Beute erhalten. Dann verließ er fluchtartig mit der Beute die Wohnung. Aus Angst vor Entdeckung entledigte er sich später in einem Park der Beute.

Strafbarkeit des A? Erforderliche Strafanträge sind gestellt.

I. A könnte durch Einstecken des Schmucks und Bargeldes in die Aktentasche einen **Diebstahl** gemäß **§ 242 Abs. 1** begangen haben.

Erst § 242 als „Vortat" für § 252 prüfen.

1. A müsste Schmuck und Geld – für ihn **fremde bewegliche Sachen**, da im Eigentum des C stehend – **weggenommen** haben, mithin fremden Gewahrsam gebrochen und neuen Gewahrsam begründet haben.

A hielt sich in der Herrschaftssphäre der Frau C auf, als er die Beute in die mitgeführte Aktentasche steckte. Nach überwiegender Ansicht ist ein Gewahrsamswechsel trotz Aufenthalts in der Herrschaftssphäre des Bestohlenen anzunehmen, wenn der Täter leicht zu verbergende Sachen in seine Sphäre, wie Kleidung oder leicht zu transportierende Behältnisse, und damit in eine Gewahrsamsenklave, verbringt.[314]

Siehe zur Vollendung der Wegnahme bereits Fall 2.

Danach war der Diebstahl mit seiner Wegnahme vollendet, als A die Beutestücke gegen den Willen der C in die Aktentasche steckte.

2. A handelte mit **Vorsatz** und der **Absicht rechtswidriger Zueignung**.

3. Die Tat war **rechtswidrig** und **schuldhaft**.

A ist wegen Diebstahls gemäß § 242 Abs. 1 strafbar.

II. Eine Qualifizierung nach **§ 244 Abs. 1 Nr. 3** im Sinne eines **Wohnungseinbruchdiebstahls** oder **eines schweren Wohnungseinbruchdiebstahls** gemäß **§ 244 Abs. 4** liegt nicht vor, da A die Wohnung durch die unverschlossene Tür betrat. Daher ist er nicht eingebrochen bzw. eingestiegen.

III. Mit Betreten der Wohnung verwirklichte A einen **Hausfriedensbruch** gemäß **§ 123 Abs. 1 Alt. 1**. Der nach § 123 Abs. 2 erforderliche Strafantrag ist gestellt.

Grundsätzlich wird der Raub natürlich nicht hinter dem Hausfriedensbruch geprüft. Etwas anderes gilt aber, wenn man – wie hier – einen chronologischen Prüfungsaufbau wählt.

IV. A könnte einen **Raub** gemäß **§ 249 Abs. 1** begangen haben, als er die C niederschlug.

Dann müsste er die Gewalt zur Wegnahme eingesetzt haben. Das ist nur denkbar, wenn im Zeitpunkt der Gewalt die Wegnahme noch nicht vollen-

314 Vgl. BGH RÜ 2019, 303.

det war. A hatte jedoch bereits zuvor durch das Einstecken der Beutestücke eigenen Gewahrsam begründet und einen Diebstahl vollendet. Ein Raub scheidet damit aus.

V. A könnte einen **räuberischen Diebstahl** gemäß **§ 252** begangen haben, als er C niederschlug.

1. A müsste bei dem von ihm begangenen Diebstahl auf **frischer Tat betroffen** worden sein. Grundsätzlich ist erforderlich, dass der Täter in Tatortnähe oder spätestens alsbald nach der Tatausführung von einer anderen Person durch Sehen oder Hören wahrgenommen wird.[315] A befand sich zwar noch am Tatort, aber er kam der Entdeckung durch C zuvor. Streit ist, ob ein solches Verhalten für § 252 genügt.

a) Teilweise wird gefordert, der Täter müsse zwar nicht unbedingt als deliktisch handelnder Dieb, wohl aber als Person, von einem Dritten wahrgenommen worden sein.[316] Danach wurde A nicht auf frischer Tat betroffen, da ihn C noch nicht gesehen oder gehört hatte.

b) Nach überzeugender h.M. dient das Merkmal des „Betreffens auf frischer Tat" dazu, die Voraussetzungen, unter denen ein Dieb einem Räuber gleichzustellen ist, zeitlich und örtlich einzugrenzen.[318] Demgemäß schließt das Merkmal nicht nur ein reales Betroffensein, sondern auch ein Betroffenwerden ein. Dafür spricht vor allem, dass den Tatbeständen der §§ 249, 252 die Konzeption zugrunde liegt, dass bei Begehung eines Diebstahls jede Anwendung qualifizierter Nötigungsmittel eine Verbrechensstrafe nach sich zieht. Hierbei ist nicht entscheidend, ob diese Mittel zur oder nach der Wegnahme eingesetzt werden. Verlangt man eine tatsächliche Wahrnehmung für das Betroffensein, gibt es eine Zeitspanne zwischen erfolgter Wegnahme und Bemerktsein durch Dritte, in welcher der Täter massive Nötigungsmittel einsetzen könnte, ohne dass die §§ 249 oder § 252 griffen. Deren Anwendung hinge vielmehr – eher widersinnig – von der Zufälligkeit der zuvor erfolgten Bemerktseins als Wahrnehmung ab. Auch der Wortlaut fordert nicht zwingend, dass der Dritte den Dieb sinnlich bemerkt. Vielmehr kann man das Betroffensein auch aus Tätersicht im Sinne von „zusammentreffen" bzw. „begegnen" verstehen.[319]

Zuletzt hat der BGH ein Betroffensein auf frischer Tat zutreffend bejaht, wenn die Täter bereits bei der Tat selbst von Anfang an beobachtet werden.[317]

Da K damit rechnete, von der eintretenden C entdeckt zu werden, war er damit auf frischer Tat betroffen.

2. Durch die Faustschläge hat er **Gewalt** gegen C angewendet.

3. A **handelte** vorsätzlich und in der **Absicht, eine Gewahrsamsentziehung zu verhindern**, die gegenwärtig war bzw. unmittelbar durch Entdeckung bevorstand, d.h. in der Absicht, sich den Beutebesitz zu erhalten. Der Umstand, dass A im Anschluss aus Angst vor Entdeckung die Beute weggeworfen hat, ändert nichts an der zum maßgeblichen Tatzeitpunkt vorliegenden Beutesicherungsabsicht.

---

315 Fischer § 252 Rn. 5, 6 m.w.N.
316 Wessels/Hillenkamp/Schuhr BT 2 Rn. 401.
317 Siehe BGH RÜ 2015, 719.
318 BGHSt 26, 95; Fischer § 252 Rn. 6. m.w.N.
319 Rengier BT I § 10 Rn. 9.

4. A handelte **rechtswidrig** und **schuldhaft**.

A hat sich wegen räuberischen Diebstahls gemäß § 252 strafbar gemacht.

VI. Durch das Niederschlagen von C hat A eine **Körperverletzung** gemäß **§ 223 Abs. 1** verwirklicht. Eine **gefährliche Körperverletzung** durch einen hinterlistigen Überfall gemäß **§ 224 Abs. 1 Nr. 4** ist nicht gegeben. Erforderlich ist das Ausnutzen des Überraschungsmoments durch ein planmäßiges Vorgehen des Täters, ein bloßer Angriff von hinten genügt nicht.[320] A nutzte jedoch nur spontan den Überraschungsmoment aus. Der nach § 230 Abs. 1 ggf. erforderliche Strafantrag ist gestellt.

Konkurrenzen und Ergebnis: Der zunächst begangene Diebstahl tritt als mitbestrafe Vortat hinter § 252 zurück.

A ist wegen eines räuberischen Diebstahls gemäß § 252 in Tateinheit (§ 52) mit Körperverletzung gemäß § 223 Abs. 1 strafbar. Der zu Beginn verwirklichte Hausfriedensbruch steht hierzu in Tatmehrheit gemäß § 53, da er durch eine eigenständige, abgetrennte Handlung verwirklicht wurde. Eine Klammerwirkung durch § 123 Abs. 1 kommt nicht in Betracht, da § 252 als Verbrechen deutlich schwerer wiegt.

---

320 Fischer § 224 Rn. 22 m.w.N.

11. Teil: Hehlerei

Fall 36: Versuch der Absatzhilfe
(BGH RÜ 2019, 308)

T verdiente seinen Lebensunterhalt mit Diebstählen von Baufahrzeugen und Werkzeugen, die er dann an Bauunternehmer im Ausland veräußerte. Sei Nachbar N fuhr als selbständiger Spediteur regelmäßig auf den Balkan. Da T dort einige Kunden hatte, schlug er N eine Zusammenarbeit vor. N sollte bei seinen Fahrten regelmäßig die Beute unter legaler Ware verstecken und dann an die von T benannten Kunden liefern. N sollte für T auch den Kaufpreis vereinnahmen und als Belohnung für seine Mitwirkung 20 % Provision erhalten. N wusste, dass T keiner legalen Arbeit nachging, sondern sich mit kriminellen Aktivitäten durchs Leben schlug. N erklärte sich dennoch bereit, die Transporte für T abzuwickeln, da N einen zukünftigen Zusatzverdienst gut gebrauchen konnte.

Am 12.08.2019 entwendete T einen Hydraulikhammer im Wert von 2.000 € und brachte diesen zu N. Dieser lud den Hammer auf die Ladefläche seines LKW. T hatte allerdings noch keinen festen Abnehmer für den Hydraulikhammer und N wollte erst am 17.08.2019 in Richtung Balkan losfahren. Daher erklärte er sich bereit, den Hammer bis dahin im Lkw zu lagern. Am Abend des 12.08.2019 wurde der Hydraulikhammer von der Polizei sichergestellt. Einige Monate später wurde T für das Entwenden des Hammers wegen gewerbsmäßig begangenen Diebstahls verurteilt.

Strafbarkeit des N nach dem StGB?

Die Geldwäsche gehört nicht in allen Bundesländern zum Pflichtstoff des Ersten Staatsexamens, dennoch sollte die Vorschrift zumindest in Grundzügen bekannt sein.[321]

I. N könnte sich wegen **Geldwäsche** im besonders schweren Fall gemäß **§ 261 Abs. 1 S. 1 Var. 1 oder Abs. 2 Nr. 2 Alt. 1, Abs. 4 S. 2 Alt. 1** strafbar gemacht haben, indem er den Hammer auf seinen Lkw lud.

1. Der Hydraulikhammer ist **tauglicher Geldwäschegegenstand**, weil T ihn durch einen gewerbsmäßig begangenen Diebstahl erlangt hat und er damit aus einer **Katalogtat** gemäß § 261 Abs. 1 S. 2 Nr. 4 a herrührt.

2. Als **Tathandlungen** kommen das Verbergen nach § 261 Abs. 1 S. 1 Var. 1 oder das Verwahren nach § 261 Abs. 2 Nr. 2 Alt. 1 in Betracht.

a) Verbergen ist jede zielgerichtete Tätigkeit, die mittels einer nicht üblichen örtlichen Unterbringung oder einer den Gegenstand verdeckenden Handlung den Zugang zu einem Tatobjekt erschwert.[322] N lud den Hammer auf seinen Wagen und lagerte ihn damit außerhalb des Herrschaftsbereichs des Vortäters T. Dies diente jedoch lediglich für den Transport des Hammers, aber nicht zur Verschleierung der Herkunft durch ein heimliches oder manipulatives Vorgehen. Somit hat N den Hammer nicht verborgen.

b) Er könnt ihn aber verwahrt haben. **Verwahren** bedeutet, einen geldwäschetauglichen Gegenstand in Gewahrsam zu nehmen oder zu halten, um ihn für einen Dritten oder für die eigene spätere Verwendung zu erhal-

321 Siehe weiterführend AS-Skript Strafrecht BT 2 (2019), Rn. 675–682.
322 Sch/Sch/Hecker § 261 Rn. 14.

ten.[323] N hatte den Hammer auf seinen Lkw geladen, um ihn bis zum Abtransport dort zu lagern, und ihn somit verwahrt.

3. N handelte auch **vorsätzlich**. Insbesondere wusste er, dass T keiner legalen Arbeit nachging, sondern sich mit kriminellen Aktivitäten finanzierte, und nahm daher die Herkunft des Hydraulikhammers aus einem gewerbsmäßig begangenen Diebstahl zumindest billigend in Kauf.

4. N handelte auch **rechtswidrig** und **schuldhaft**.

5. Da N zukünftig auf Dauer Beutestücke von T transportieren wollte, um dadurch einen erheblichen Nebenverdienst zu erzielen, hat er auch das Regelbeispiel des **gewerbsmäßigen Handelns** nach **§ 261 Abs. 4 S. 2 Alt. 1** erfüllt.

N hat sich wegen Geldwäsche im besonders schweren Fall strafbar gemacht.

II. Durch dieselbe Handlung könnte N sich wegen **Hehlerei** gemäß **§ 259 Abs. 1 Var. 1** strafbar gemacht haben.

1. Der Hydraulikhammer ist **taugliches Tatobjekt** der Hehlerei. Er ist ein körperlicher Gegenstand, der von einem anderen, nämlich T, durch einen Diebstahl erlangt worden ist.

2. Durch das Verladen auf den Lkw könnte N **sich** den Hydraulikhammer **verschafft** haben i.S.v. § 259 Abs. 1 Var. 1. Erforderlich dafür ist, dass der Hehler im Einverständnis mit dem Vortäter eine eigene Herrschaftsgewalt über die Sache erlangt. Dazu muss er die Sache zur eigenen Verfügungsgewalt erlangen, sodass er über diese als eigene oder zu eigenen Zwecken verfügen kann und dies auch will. Bei einer Mitverfügungsbefugnis von Vortäter und Erwerber ist der Tatbestand des § 259 Abs. 1 nur gegeben, wenn der Erwerber unabhängig vom Willen des Vortäters über die Sache verfügen kann.[324]

N hatte den Hammer im Auftrag des T verladen und sollten diesen nur im Rahmen der Absprache transportieren. Eine eigenständige Verfügungsgewalt lag daher trotz der faktischen Zugriffsmöglichkeit des N nicht vor. Somit hat er sich den Hammer nicht verschafft.

N hat sich nicht nach § 259 Abs. 1 Var. 1 strafbar gemacht.

III. N könnte sich durch dieselbe Handlung wegen **Hehlerei** gemäß **§ 259 Abs. 1 Var. 4** strafbar gemacht haben.

1. Der Hydraulikhammer war weiterhin **taugliches Tatobjekt**.

2. N könnte **Absatzhilfe** gemäß § 259 Abs. 1 Var. 4 geleistet haben. Absatzhilfe ist eine weisungsabhängige Unterstützungshandlung, die im Interesse und im Einverständnis des Vortäters zur wirtschaftlichen Verwertung des Hehlereiobjekts geleistet wird.[325] Bisher war streitig, ob für die Absatzhilfe ein **Absatzerfolg erforderlich** ist, also die Übertragung der Verfügungsgewalt auf den Erwerber, oder ob bereits ein Tätigwerden zur Absatzhilfe eine vollendete Hehlerei begründen kann.

---

323 Fischer § 261 Rn. 25.

324 St.Rspr. BGH RÜ 2019, 308, 309; Fischer § 259 Rn. 11 m.w.N.

325 Fischer § 259 Rn. 17.

a) Während die ältere Rspr. auf einen Absatzerfolg verzichtete,[326] entschied der BGH 2013, dass jedenfalls beim **Absetzen** die Hehlerei nur bei einem Absatzerfolg vollendet sein kann.[327] Diese Rechtsprechungsänderung bezog sich aber nicht ausdrücklich auf die Absatzhilfe, auch wenn der BGH zwischenzeitlich für die Absatzhilfe bei der Steuerhehlerei gemäß § 374 Abs. 1 AO ebenfalls einen Absatzerfolg forderte.[328]

b) Nun fordert der BGH zutreffend auch für § 259 einen Absatzerfolg bei der Absatzhilfe.[329] Dafür spricht schon der allgemeine Sprachgebrauch, der zwischen dem erfolgreichen Absetzen und bloßen Absatzbemühungen unterscheidet. Im Wirtschaftsleben würde auch niemand davon sprechen, dass ein Händler Waren abgesetzt hat, wenn er sich nur vergeblich um den Verkauf bemüht hat. Weiterhin ist die Absatzhilfe als eine zur selbstständigen Tat aufgewertete Beihilfe zum Absatz und muss daher ebenso wie der Absatz selbst zu einem Absatzerfolg führen. Ansonsten entstünde das sinnwidrige Ergebnis, dass die Absatzhilfe in einem früheren Stadium der Tat vollendet werden können als der Absatz. Auch erhält die versuchte Hehlerei bei der Absatzhilfe erst durch das Erfordernis eines Absatzerfolges einen sinnvollen Anwendungsbereich.[330]

c) Da der Hydraulikhammer von der Polizei sichergestellt worden ist, fehlt eine Weitergabe an einen Abnehmer und damit ein Absatzerfolg. Die Hehlerei in Form der Absatzhilfe ist nicht vollendet.

Anders als beim Diebstahl (§ 243 Abs. 1 S. 2 Nr. 3) ist das gewerbsmäßige Handeln bei der Hehlerei eine „echte" Qualifikation, die daher im Tatbestand und nicht als Strafzumessungsregel zu prüfen ist.

IV. N könnte sich aber wegen **versuchter gewerbsmäßiger Hehlerei** gemäß **§§ 259 Abs. 1 Var. 4, 260 Abs. 1 Nr. 1, 22, 23 Abs. 1** strafbar gemacht haben.

1. Die Tat ist mangels Absatzerfolgs **nicht vollendet**, der Versuch ist gemäß § 259 Abs. 3 strafbar.

2. N hat den **Tatentschluss** zur Absatzhilfe hinsichtlich des Hydraulikhammers gefasst, da er ihn im Auftrag und auf Rechnung des T zu einem von T noch zu benennenden Abnehmer bringen wollte. Er handelte auch mit der **Absicht, sich zu bereichern**, da es ihm darum ging, durch den Transport eine Verkaufsprovision zu verdienen. Da er auch zukünftig wesentliche Zusatzeinkünfte durch den Transport von Diebesbeute erzielen wollte, hatte er den Willen, gewerbsmäßig zu handeln gemäß § 260 Abs. 1 Nr. 1.

Bei § 259 muss die beabsichtigte Bereicherung – anders als z.B. bei § 263 – nicht rechtswidrig sein.

3. Fraglich ist, ob N gemäß § 22 **unmittelbar zur Tat angesetzt** hat. Die bisherige Rspr. zum Versuchsbeginn beim Absetzen oder bei der Absatzhilfe ist unergiebig, da aufgrund des Verzichts auf den Absatzerfolg der Versuch keine praktische Relevanz hatte.

a) Nach einer Meinung ist bei der Absatzhilfe die Unterstützungsleistung für sich nicht ohne Weiteres geeignet, das unmittelbare Ansetzen zu begründen. Vielmehr müsse der Vortäter selbst eine Absatzhandlung vorgenommen bzw. zu dieser unmittelbar angesetzt haben, die für diesen einen tatbestandslosen Hehlereiversuch begründet. Wegen der Struktur der Ab-

---

326 BGHSt 36, 359; BGH NStZ-RR 2000, 266; vgl. zur Streitdarstellung auch BGH RÜ 2013, 643.
327 BGH RÜ 2013, 789.
328 BGH NStZ 2017, 359.
329 BGH RÜ 2019, 308, 309.
330 BGH NStZ 2017, 359, 360.

satzhilfe als Beihilfe zum tatbestandslosen Absetzen des Vortäters orientiere sich der Versuch der Absatzhilfe quasi-akzessorisch zum tatbestandslosen Versuch der Haupttat. Es wäre widersprüchlich, wenn der Versuch der Absatzhilfe vor dem Versuch eines täterschaftlichen Absetzens beginne, obwohl die Absatzhilfe als verselbstständigte Beihilfe eine leichtere Begehungsform sei.[331] Nach dieser Auffassung kommt es also darauf an, dass T konkrete Bemühungen vorgenommen hat, um den Hydraulikhammer zu verwerten. Dies war jedoch noch nicht der Fall. N hat danach durch das Verladen des Hammers auf dem LKW noch nicht unmittelbar angesetzt.

b) Der BGH sieht das Absetzen und die Absatzhilfe als gleichwertige Begehungsformen. Daher sei für das unmittelbare Ansetzen das Handeln des Absatzhelfers selbst, nicht das des Vortäters, maßgeblich. Der erforderliche Rechtsgutsbezug sei nicht erst gegeben, wenn sich die Unterstützungshandlung des Absatzhelfers als Versuchsbeginn des – straflosen – Absatzversuches des Vortäters darstellt. Der Absatzhelfer könne auch durch eigenes Handeln den durch die Vortat geschaffenen rechtswidrigen Zustand im einverständlichen Zusammenwirken mit dem Vortäter aufrechterhalten.

Die Systematik der Hehlerei erfordere es nicht, sich für das unmittelbare Ansetzen bei der Absatzhilfe an dem Versuch der „tatbestandslosen Haupttat" des Vortäters zu orientieren. Der erforderliche Gleichklang zum unmittelbaren Ansetzen beim Sich-Verschaffen sei systematisch dadurch zu erreichen, dass die für ein unmittelbares Ansetzen erforderliche Rechtsgutsbeeinträchtigung bei der Absatzhilfe durch den notwendigen engen Bezug zwischen der Tathandlung des Absatzhelfers und der geplanten Weiterleitung der Diebesbeute gewährleistet wird. Daher beginne der Versuch für den Absatzhelfer, wenn sich die Tathandlung in einen bereits festgelegten Absatzplan fördernd einfügt und aus Sicht des Vortäters den Beginn des Absatzvorgangs darstellt.[332] Auf Grundlage dieses Ansatzes hat der BGH in einem vergleichbaren Sachverhalt den Versuchsbeginn bejaht, da sich das Verladen der Beute für den bevorstehenden Transport Teil des Absatzplans und damit der Beginn des Absatzvorgangs gewesen sei.

c) Nach allgemeinen Grundsätzen setzt der Täter unmittelbar i.S.v. § 22 zum Versuch an, wenn sein Handeln nach seiner Vorstellung der Vollendung räumlich und zeitlich unmittelbar vorgelagert ist oder nach dem Tatplan im ungestörten Fortgang ohne wesentliche Zwischenakte in die Tatbestandsverwirklichung einmünden soll.[333] Daher wird teilweise vertreten, der Versuch der Absatzhilfe durch Transportleistungen beginne erst bei der unmittelbar bevorstehenden Ankunft am Übergabeort.[334] Unabhängig davon, ob diesem restriktiven Ansatz zu folgen ist, fällt auf, dass das Abstellen auf das fördernde Einfügen in den Absatzplan den Versuchsbeginn sehr weit nach vorne verlegt. Nach der Vorstellung des N lag zwischen dem Beladen des LKW und der erst mehrere Tage späteren Fahrt zu einem weit entfernten Abnehmer keine zeitliche und räumliche Nähe. Weiterhin

---

331 Sch/Sch/Hecker § 259 Rn. 48 m.w.N.

332 BGH RÜ 2019, 308, 310 f.

333 St.Rspr. BGH NStZ 2013, 156, 157 m.w.N.

334 Sch/Sch/Hecker § 259 Rn. 48

spricht gegen die Bejahung des Versuchsbeginns, dass der BGH beim Sichverschaffen und beim Absetzen das unmittelbare Ansetzen restriktiv bestimmt. Beim Absetzen genügt demnach die bloßen Suche nach potentiellen Käufern nicht, sondern der Absatztäter muss unmittelbar zur Übertragung der Verfügungsgewalt auf einen Erwerber, etwa durch konkrete Verkaufsverhandlungen, ansetzen.[335] Warum bei der Absatzhilfe hingegen durch das fördernde Einfügen in den Absatzplan der Versuch weit nach vorne verlagert wird, erschließt sich nicht.

Demnach scheidet mangels unmittelbaren Ansetzens eine versuchte gewerbsmäßige Hehlerei aus.

Ergebnis: N hat sich wegen Geldwäsche im besonders schweren Fall gemäß § 261 Abs. 2 Nr. 2 Alt. 1, Abs. 4 S. 2 Alt. 1 strafbar gemacht.

335 BGH NStZ 2019, 90.

Fall 37: Hehlerei bei Betrug gegenüber dem Dieb
(BGH RÜ 2019, 380)

T hatte ein wertvolles Gemälde (Wert 75.000 €) gestohlen und wollte dieses zu Geld machen. Aus Angst vor Strafverfolgung wollte er allerdings nicht selbst als Verkäufer auftreten. Daher bat er den Kunsthändler H, der einen zweifelhaften Ruf hatte, den Verkauf des Gemäldes für zu übernehmen. H erkannte sofort die deliktische Herkunft des Gemäldes und beschloss, den T um den Kaufpreis zu prellen. Absprachegemäß brachte T das Gemälde im August 2019 zum Privathaus des H. Dort sollte H es bis zu einem Verkauf im Keller einlagern. H versprach dem T die Hälfte des Verkaufserlöses. Mehrere Monate später veräußerte H das Gemälde für 70.000 € an einen gutgläubigen Sammler und verweigerte dem T – wie von Anfang an geplant – die Auszahlung seines Anteils.

Strafbarkeit des H hinsichtlich des Geschehens im August 2019?

I. H könnte sich wegen **Betruges im besonders schweren Fall** gegenüber und zulasten des T gemäß **§ 263 Abs. 1, Abs. 3 S. 2 Nr. 2 Alt. 1** strafbar gemacht haben, indem er vorgab, T werde die Hälfte des Verkaufserlöses erhalten.

1. H **täuschte** T, indem er ihm vorspiegelte, er werde das Gemälde absprachegemäß verkaufen, und erzeugte dadurch bei T einen entsprechenden **Irrtum**.

2. Fraglich ist, ob T eine **Vermögensverfügung** vornahm, indem er das gestohlene Gemälde an H übergab. Vermögensverfügung ist jedes Handeln, Dulden oder Unterlassen, das unmittelbar zu einer Vermögensminderung führt. Vor der Übergabe übte T den Besitz an dem gestohlenen Bild aus. Umstritten ist, ob ein deliktisch erlangter Besitz überhaupt einen strafrechtlich geschützter Vermögenswert ist.

Das Problem des Umfangs des strafrechtlichen Vermögensschutzes bei deliktisch erlangten Sachen, nichtigen Forderungen oder bei Arbeitsleistungen zu sittenwidrigen oder verbotenen Zwecken kann auch beim Vermögensschaden diskutiert werden. Da es sich allerdings schon bei der **Vermögen**sverfügung stellt, sollte es auch dort dargestellt werden.

a) Die Rspr. geht im Grundsatz von einem wirtschaftlichen Verständnis des Vermögens aus und ergänzt diesen nur in einigen Fällen durch normative Kriterien. Da die Rechtsordnung im Bereich der Vermögensdelikte allgemein kein wegen seiner Herkunft, Entstehung oder Verwendung schlechthin schutzunwürdiges Vermögen kenne, sei auch deliktisch erlangter Besitz, etwa der des Diebs oder des Hehlers, ein strafrechtlich geschützter Vermögensbestandteil.[336] Demnach hat T sein Vermögen durch die Weggabe des Gemäldes vermindert.

b) In der Lit. wird dagegen eine stärkere normative Korrektur des wirtschaftlichen Vermögensbegriffs verlangt. Es stelle einen Wertungswiderspruch dar, wenn einerseits der Dieb oder Hehler mit Strafe bedroht, andererseits aber sein Stehl- bzw. Hehlgut durch die Vermögensdelikte geschützt werde.[337] Nach dieser Auffassung ist die Weggabe des gestohlenen Gemäldes nicht vermögensrelevant in einem strafrechtlichen Sinne.

c) Die Besitzschutzvorschriften in den §§ 858 ff. BGB geben bereits einen Hinweis darauf, dass die Rechtsordnung grundsätzlich auch den deliktisch

336 BGH NStZ 2008, 627 m.w.N.
337 Vgl. Sch/Sch/Perron § 263 Rn. 95 m.w.N.

erlangten Besitz als Rechtsposition anerkennt.[338] Kriminalpolitische Gründe sprechen dafür, auch Täuschungshandlungen gegenüber unrechtmäßigen Besitzern strafrechtlich zu verfolgen, da ansonsten im kriminellen Milieu ein Anreiz für die Begehung von Betrügereien geschaffen werden würde.[339] Da daher auch der Besitz des Diebes ein strafrechtlich geschützter Vermögenswert ist, hat T über Vermögen verfügt, indem er das Bild an H übergab.

Nicht jeder Besitzverlust führt zu einem Vermögensschaden. Verliert der Besitzer z.B. nur für einen begrenzten Zeitraum den Besitz, ist ein Schaden i.d.R. ausgeschlossen, wenn die Sache nicht wirtschaftlich nutzbar ist.[340]

3. T hat einen **Vermögensschaden** erlitten, da er dauerhaft den Besitz am Gemälde verlor, ohne dafür eine vermögensäquivalente Gegenleistung zu erlangen.

4. H handelte **vorsätzlich**, da er gegenüber T falsche Angaben machen und ihn dazu zur Übergabe des Gemäldes bewegen wollte. Weiterhin handelte er auch mit dem Ziel, durch den Besitz am Bild seine Vermögensposition zu Unrecht zu verbessern, also mit der Absicht, sich rechtswidrig zu bereichern. Die von H erstrebte Bereicherung war auch stoffgleich, da er das Bild unmittelbar aus dem Besitz des T erlangen wollte.

5. H handelte **rechtswidrig** und **schuldhaft**.

6. Weiterhin kommt ein besonders schwerer Fall nach § 263 Abs. 3 S. 2 Nr. 2 Alt. 1 in Betracht. Dazu müsste H bei T einen **Vermögensverlust großen Ausmaß** verursacht haben. Nach h.M. liegt die Wertgrenze des großen Ausmaßes bei 50.000 €,[341] sodass T auf den ersten Blick angesichts des Wertes des Bildes von etwa 70.000 bis 75.000 € einen ausreichend großen Schaden erlitten hat. Die Schadenshöhe ist allerdings objektiv zu bestimmen,[342] sodass es nicht auf den Wert des Gemäldes, sondern nur auf den Wert des deliktischen Besitzes des T ankommt. Dieser wirtschaftliche Wert wird sehr deutlich niedriger als der „normale" Marktwert liegen, da der Dieb nicht Eigentümer ist und wegen der deliktischen Herkunft die Beute in der Regel nicht zum Marktpreis verwerten kann. Somit hat H keinen Vermögensverlust großen Ausmaßes herbeigeführt und das Regelbeispiel ist nicht erfüllt.

H hat sich wegen Betruges gemäß § 263 Abs. 1 strafbar gemacht.

II. K könnte sich wegen Hehlerei gemäß § 259 Abs. 1 Var. 1 strafbar gemacht haben, indem er das Gemälde entgegennahm und es bei sich einlagerte.

1. Das Gemälde war von T gestohlen worden und war somit **tauglicher Gegenstand** einer Hehlerei.

2. H müsste sich das Gemälde verschafft haben. Sich-Verschaffen ist die Herstellung tatsächlicher eigener Herrschaftsgewalt über die Sache im Einverständnis mit dem Vortäter.[343] H hat die alleinige Zugriffsmöglichkeit auf das Gemälde erlangt, nachdem T es ihm übergeben hatte. Allein die Tatsache, dass T hierbei davon ausging, H werde nur entsprechend der vorheri-

338 Vgl. BGH NStZ 2009, 37; BGH RÜ 2017, 373, 375.
339 BGHSt 2, 364, 368; BGH RÜ 2017, 373, 374.
340 Vgl. BGH RÜ 2018, 584, 585.
341 Fischer § 263 Rn. 215 a m.w.N.
342 Fischer § 263 Rn. 215 a.
343 Fischer § 259 Rn. 10.

gen Absprache in seinem Auftrag handeln, schließt eine eigene Verfügungsgewalt des H nicht von vornherein aus.

Allerdings ist fraglich, ob angesichts der Täuschung ein **einvernehmlicher Besitzerwerb** vorliegt. An dem erforderlichen Einvernehmen fehlt es jedenfalls, wenn der Hehler die eigene Verfügungsgewalt über die Sache durch Wegnahme oder durch Zwangsanwendung erlangt.[344] Streitig ist aber, ob auch die täuschungsbedingte Überlassung des Hehlereiobjekts das Einvernehmen ausschließt.

a) In der Lit. wird das erforderliche Einvernehmen vielfach gänzlich oder jedenfalls bei solchen Täuschungen abgelehnt, bei denen der Vorbesitzer über die Weggabe der Sache als solcher getäuscht wird.[345] Hauptargument ist, dass § 259 nicht nur dem Vermögensschutz diene, sondern auch Anreize zur Begehung von Vermögensstraftaten verhindern solle, indem den Vortätern kein Markt zur wirtschaftlichen Verwertung ihrer Beute gelassen werde. Diese kriminalpolitischen Schutzinteressen seien aber bei Täuschungen gegenüber dem Vortäter regelmäßig nicht betroffen, da die Aussicht, die Tatbeute durch Täuschungen wieder verlieren zu können, keine weitere Motivation zur Begehung von Vermögensstraftaten begründe. Danach genügt die täuschungsbedingte Herausgabe des Gemäldes nicht für einen einvernehmlichen Erwerb der Verfügungsgewalt durch H.

b) Nach dem BGH liegt ein einvernehmliches Handeln zwischen Vortäter und Hehler auch dann vor, wenn das Einverständnis des Vortäters auf einer Täuschung beruht. Dieses Einverständnis infolge der Täuschung sei zwar nicht „frei im Rechtssinne", die Weitergabe der Sache an den Hehler erfolge gleichwohl mit dem Willen des Vortäters. Der täuschungsbedingte Irrtum und die hieran anknüpfende Fehlvorstellung des Vortäters, seinerseits eine Gegenleistung für die Hingabe der Sache zu erhalten, stelle als bloßer Motivirrtum das Einvernehmen zwischen Vortäter und Hehler nicht infrage.[346] Insoweit schließt die Täuschung durch H den einvernehmlichen Erwerb nicht aus.

c) Für die letztgenannte Auffassung spricht insbesondere der Schutzzweck der Hehlerei. Dieser besteht in erster Linie darin, die Aufrechterhaltung und Vertiefung der durch die Vortat geschaffenen rechtswidrigen Vermögenslage zu verhindern, weshalb die Hehlerei in dogmatischer Hinsicht zu den Vermögensdelikten zählt. Dies legt nahe, dass § 259 auch Fallkonstellationen erfasst, in denen – wie hier – die Verfügungsgewalt über eine gestohlene Sache durch Täuschung vom Vortäter auf den Hehler übergeht. Die im Verhältnis zum Vortäter bzw. Zwischenhehler erfolgende Täuschung lässt die durch die Hehlerei geschützten Vermögensinteressen des Berechtigten unberührt, da die durch die rechtswidrige Vortat geschaffene Vermögenslage durch das Weiterverschieben der Sache aufrechterhalten bleibt. Die Tatsache, dass § 259 auch allgemein Anreize zur Begehung von Vermögensstraftaten verhindern will, rechtfertigt keine Beschränkung des strafrechtlichen Schutzes der Vermögensinteressen der ursprünglich Berechtigten.[347] Dabei ist auch zu bedenken, dass auch der später getäuschte

344 BGH RÜ 2019, 380, 381.

345 NK-Altenhain § 259 Rn. 28 m.w.N.; vgl. auch Jahn NJW 2019, 1542 f.; Jäger JA 2019, 548, 550.

346 BGH RÜ 2019, 380, 382.

Dieb den Anreiz zur Tatbegehung nicht dadurch verliert, dass der Abnehmer in betrügt, da der Dieb davon keine Kenntnis hat.

Daher schließt die Täuschung gegenüber T den einvernehmlichen Besitzerwerb durch H nicht aus. H hat sich das Gemälde damit verschafft i.S.d. § 259 Abs. 1 Var. 1.

3. H handelte dabei **vorsätzlich** und mit **Bereicherungsabsicht**, da es ihm gerade darum ging, den Besitz am Gemälde zu erlangen, um diesen so auf eigene Rechnung veräußern zu können.

4. Er handelte auch **rechtswidrig** und **schuldhaft**.

H hat sich somit wegen Hehlerei strafbar gemacht.

Konkurrenzen und Ergebnis: Das täuschende Verhalten des H wirkte bei der Übergabe des Bildes fort, daher liegt Handlungseinheit vor. H hat sich damit tateinheitlich wegen Betruges gemäß § 263 Abs. 1 und wegen Hehlerei gemäß § 259 Abs. 1 Var. 1 strafbar gemacht.

---

347 BGH RÜ 2019, 380, 382.

STICHWORTVERZEICHNIS

Die Zahlen verweisen auf die Seiten.